**图书在版编目（CIP）数据**

哲学的天籁 ： 庄子 / 罗龙治著. -- 北京 ： 九州出版社，2017.7

ISBN 978-7-5108-5643-3

Ⅰ. ①哲… Ⅱ. ①罗… Ⅲ. ①道家②《庄子》－通俗读物 Ⅳ. ①B223.5-49

中国版本图书馆CIP数据核字(2017)第171324号

**哲学的天籁：庄子**

| | |
|---|---|
| 作　　者 | 罗龙治 |
| 责任编辑 | 李黎明 |
| 出版发行 | 九州出版社 |
| 地　　址 | 北京市西城区阜外大街甲35号（100037） |
| 发行电话 | (010)68992190/3/5/6 |
| 网　　址 | www.jiuzhoupress.com |
| 电子信箱 | jiuzhou@jiuzhoupress.com |
| 印　　刷 | 北京盛通印刷股份有限公司 |
| 开　　本 | 787毫米×1092毫米　32开 |
| 印　　张 | 8.25 |
| 字　　数 | 160千字 |
| 版　　次 | 2017年11月第1版 |
| 印　　次 | 2017年11月第1次印刷 |
| 书　　号 | ISBN 978-7-5108-5643-3 |
| 定　　价 | 48.00元 |

【总序】

# 用经典滋养灵魂

龚鹏程

每个民族都有它自己的经典。经，指其所载之内容足以做为后世的纲维；典，谓其可为典范。因此它常被视为一切知识、价值观、世界观的依据或来源。早期只典守在神巫和大僚手上，后来则成为该民族累世传习、讽诵不辍的基本典籍。或称核心典籍，甚至是“圣书”。

佛经、圣经、古兰经等都是如此，中国也不例外。文化总体上的经典是六经：《诗》、《书》、《礼》、《乐》、《易》、《春秋》。依此而发展出来的各个学门或学派，另有其专业上的经典，如墨家有其《墨经》。老子后学也将其书视为经，战国时便开始有人替它作传、作解。兵家则有其《武经七书》。算家亦有《周髀算经》等所谓《算经十书》。流衍所及，竟至喝酒有《酒经》，饮茶有《茶经》，下棋有《弈经》，相鹤相马相牛亦皆有经。此类支流稗末，固然不能与六经相比肩，但它各自代表了在它那一个领域中的核心知识地位，却是很显然的。

我国历代教育和社会文化，就是以六经为基础来发展的。直到清末废科举、立学堂以后才产生剧变。但当时新设的学堂虽仿洋制，却仍保留了读经课程，以示根本未隳。辛亥革命后，蔡元培担任教育总长才开始废除读经。接着，他主持北京大学时出现的“新文化运动”更进一步发起对传统文化的攻击。趋势竟由废弃文言，提倡白话文学，一直走到深入的反传统中去。论调越来越激烈，行动越来越鲁莽。

台湾的教育、政治发展和社会文化意识，其实也一直以延续五四精神自居，以自由、民主、科学为号召。故其反传统气氛，及其体现于教育结构中者，与当时大陆不过程度略异而已，仅是社会中还遗存着若干传统社会的礼俗及观念罢了。后来，台湾朝野才惕然憬醒，开始提倡“文化复兴运动”，在学校课程中增加了经典的内容。但不叫读经，乃是摘选《四书》为《中国文化基本教材》，以为补充。另成立文化复兴委员会，开始做经典的白话注释，向社会推广。

文化复兴运动之功过，诚乎难言，此处也不必细说，总之是虽调整了西化的方向及反传统的势能，但对社会普遍民众的文化意识，还没能起到警醒的作用；了解传统、阅读经典，也还没成为风气或行动。

二十世纪七十年代后期，高信疆、柯元馨夫妇接掌了当时台湾第一大报中国时报的副刊与出版社编务，针对这个现象，遂策划了《中国历代经典宝库》这一大套书。精选影响国人最为深远的典籍，包括了六经及诸子、文艺各领域的经典，遍邀名家为之疏解，并附录原文以供参照，一时朝野震动，风气丕变。

其所以震动社会，原因一是典籍选得精切。不蔓不枝，能体现传统文化的基本匡廓。二是体例确实。经典篇幅广狭不一、深浅悬隔，如《资治通鉴》那么庞大，《尚书》那么深奥，它们跟小说戏曲是截然不同的。如何在一套书里，用类似的体例来处理，很可以看出编辑人的功力。三是作者群涵盖了几乎全台湾的学术菁英，群策群力，全面动员。这也是过去所没有的。四，编审严格。大部丛书，作者庞杂，集稿统稿就十分重要，否则便会出现良莠不齐之现象。这套书虽广征名家撰作，但在审定正讹、统一文字风格方面，确乎花了极大气力。再加上撰稿人都把这套书当成是写给自己子弟看的传家宝，写得特别矜慎，成绩当然非其他的书所能比。五，当时高信疆夫妇利用报社传播之便，将出版与报纸媒体做了最好、最彻底的结合，使得这套书成了家喻户晓、众所翘盼的文化甘霖，人人都想一沾法雨。六，当时出版采用豪华的小牛皮烫金装帧，精美大方，辅以雕花木柜。虽所费不赀，却是经济刚刚腾飞时一个中产家庭最好的文化陈设，书香家庭的想象，由此开始落实。许多家庭乃因买进这套书，而仿佛种下了诗礼传家的根。

高先生综理编务，辅佐实际的是周安托兄。两君都是诗人，且侠情肝胆照人。中华文化复起、国魂再振、民气方舒，则是他们的理想，因此编这套书，似乎就是一场织梦之旅，号称传承经典，实则意拟宏开未来。

我很幸运，也曾参与到这一场歌唱青春的行列中，去贡献微末。先是与林明峪共同参与黄庆萱老师改写《西游记》的工作，继而再协助安托统稿，推敲是非、斟酌文辞。对整套书说不上有什么助益，自己倒是收获良多。

书成之后，好评如潮，数十年来一再改版翻印，直到现在。经典常读常新，当时对经典的现代解读目前也仍未过时，依旧在散光发热，滋养民族新一代的灵魂。只不过光阴毕竟可畏，安托与信疆俱已逝去，来不及看到他们播下的种子继续发芽生长了。

当年参与这套书的人很多，我仅是其中一员小将。聊述战场，回思天宝，所见不过如此，其实说不清楚它的实况。但这个小侧写，或许有助于今日阅读这套书的大陆青年理解该书的价值与出版经纬，是为序。

【导读】

# 庄子的“寸心之奥”

罗龙治

在浩如烟海之非物质文化遗产中，《庄子》一书堪称是任何聪明人都不可错过的奇书。庄子，这位大人先生，居然就是吸风饮露造就的一副心窍。注定他要穷尽一生之力（未曾白费半滴心血），为我们寻到既神秘且真实的人生“方寸之奥”。就凭这点，我想，凡是具胆识作略之天才，都不妨把青天压在脊背上，来一次“人车一体”的飙速漫游，斯可谓之狂乐。

庄子，这个人中之大虫，其心眼极为另类。他的一部大书，前无古人，后无来者，简直就是以直上直下的“心法”写出来的。这个心法，想来就是他一生思之又思之，鬼神来通之，然后称之曰“道”的东西。这个神力来自冥冥吧！有本事的就抓得到。为是之故，我敢宣称，庄子殁世后两千余年来，凡不晓其心法而读其书望文生义的人，必不能与作者交心，彼此注定无缘了。如是，庄子亦曾不惭其言地大声宣布：若有人善解我心，则亿万年之久犹似旦夕之相逢，可以和我把酒言欢矣（《齐物论》）。庄子说这话的口气，既期盼又萧瑟，他的调调又刁刁的余音，千年不散，便仿佛飘荡在南国西湖堤岸，袅袅在午后芦苇之秋风里。有味哉其人！

庄子其人其书，风格狂傲，一半避人，一半避世。之所以如此，是因为他认为生在乱世之战国，著书黄叶村而传我薪火，比拔剑狂走有意思。由于他的身上极可能留着殷商亡国贵族的神秘血液，他的心窍看得到现实之外，还有另一个世界。所以，他的狂傲有其文化上的厚度。即便狂死，他也值。他的书已证明那方寸之奥不可劫夺，未来的文学家、艺术家一定会来此“取经”。

狂傲成为《庄子》书的“精髓”，是我第一个指出的，庄子之意是：若你也看穿人世的一切伎俩，那么在你骨子里还不具有“那么点儿”不惜与天下为敌的味道，那你这人恐也不足观了。因为说得明白再明白，人生顶多不过是天命与英雄的对战吧！

庄子的心窍，可以使他感受到冥冥中有某种力道在施为，但那不是宿命（有主宰暗中操弄叫宿命），也不是迷信。那个力道可感受到的一刻，隐隐约约，像一只眼神在看吧，它会看见那个时代的人心与作为，必然会来到一个临界点，于是重新再来。

就这样，参了天意，也指点了人心，我现在就从历史“斜角”（不取正统谓之斜角）来观察。我认为历史上有三个人，不但通晓庄子，也窥见时运的推磨。他们生在不同时代的作略，一旦出手或交手，都隐藏了庄子的法度：“江湖不可失，那是我方寸笑傲之地”。

这里第一先出场的是晋代之陶潜。他半途辞官，在农村的蓬门斗室里玩味《庄子》，他的名言是只要为人就必须为五斗米折腰，折腰的代价是保住方寸笑傲之地。所以他的人生以酒为知己，以诗文传之后世之其人。《述酒》一诗道尽他的心事，狂傲到只有西王母才配请他饮酒。

苏东坡在宋代便独独和陶潜灵犀一点通。他不断唱和陶的诗文，生怕自己被闷死。他们的傲骨是相撞有声的。苏轼东坡先生在朝廷力战奸邪，似有天命在身而不怕，他力战的结局总是一贬再贬，最后贬到海南岛，再贬就要到大海了。他在那里看见野人吃的某种肉（我不忍写出，但必须指出那是点睛之笔），知道现实之战已到他心知肚明的那一站。果然，皇帝赦了他。他也在北归途中死在常州，算是埋了初衷。他以书法、诗、文传了庄子的方寸之奥，而在现实面，他也充分表现出英雄与天命之战，实在很“痛”。痛到像庄子讲的：我的妻死，岂能不痛！

从陶潜到苏轼的人生作略，我是别无选择的必要指出他们人生之“痛点”。所以，简单地讲，庄子妻死，他鼓盆而歌的一段凄楚，其实是人生之全貌。现实上，庄子说：她养我，给我生子，她之死，我怎能不痛？然而，想通了天命，气变成形，形又变成生命，生命又变成死亡，这直上直下的一以贯之，虚实相化，我还有什么话讲呢？

东坡力战群邪，也算辛苦之至。但是，下至清代前期，另有一位通晓庄子（兼禅法）的曹雪芹先生，他的处境就更陡峭。他的命运是直接与皇帝周旋了。雪芹先世是汉人，满人入关，他的祖上成为皇帝奴仆（包衣）。他是亲眼目睹科举制度之撒下天罗地网，把读书人引到官场，一起贪赃枉法的光怪陆离，遂不惜和家人翻了脸——绝意仕途经济——绝不搞科举。最后，他以字字是血的一部小说，杜撰贾宝玉这个“腹内草莽”，被父亲痛打得半死。最终，他却有“力扛大观园”不为浊世所污染的一股狂傲“呆气”。那股狂傲呆气，说穿了是直接和雍正、乾隆杠上了的庄子风骨。大观园内的神秘角色妙玉，是侯门公府也讨不到她的。而曹雪芹不走科举之路，不正也就是太史公评庄子“王公大人不能器之”的暗示吗？大观园日后注定要被皇帝抄检。宝玉竟至沦为打更的更夫，甚至乞讨为生。妙玉也据说在返回苏州途中，在瓜州渡口被强人所劫。雪芹在现实面的遭遇，他是早知天命的。他无奈又不得不为，遂以《红楼梦》现身说法，认为艺术成就的大观园虽可寄托，而人生至痛，那是“更有情痴抱恨长”的啊！

写到这里，我是摆脱正统叙述法，把庄子和陶潜、苏东坡、曹雪芹连接而一以贯之，说明庄子的“寸心之奥”是知识分子为他保持清醒的一块干净土。这一代好学深思的年轻人，千万不要误读历史，以为庄子是消极无用的东西。像竹林七贤虽也摆脱正统，极力仿真庄子，但是陶潜却给予正面的棒打，说七贤“成名犹不勤”（想成名只怕还不够努力！），他们根本算不得上修庄子的典范人物，妖魔小丑罢了。（《述酒》诗）

如是，一笔带过，一跳而来到二〇一二年的台北街景了。历史的河床，总少不了祖先的血液流动着。淡水老街依旧，观音山也凝视不动，然而这里似乎就是少了什么东西。试读一读这一代都市人的脸色，那种既疲倦又反复无聊，最终是不得不消费掉自己的心情，全都写在“相似度极高”的一张张面孔上。这不就是庄子在《齐物论》提出的“人心茫昧”的再一次翻版吗？人生在世，像轮胎一样，开车的不是你，所以停不下来地磨耗自己，直到爆胎为止。庄子对此，也曾双手一摊，自问自答地说：“其我独茫，而人亦有不茫者乎？”《齐物论》是大家都昏了头，还是也有不昏头的人呢？

二千年的岁月过去，今日是努力再努力而修来的今日，人世依旧不变的是天命与英雄的战场。这个时代，钱神已经当家，四周都有“鬼推磨”的磁力在转。这个时机也正是时代的临界点。我不愿说这时局不好，而宁说我们应向大自然感激，引出一位菩萨。此时此刻，我只能起码提示：读《庄子》是读自己的心。请力持清醒，那是做知识人的最低尊严。

下文我就用半散文方式的描述笔法，带动庄子的思路，把读《庄子》书的人引到庄子内心的“寸心之奥”。这一段路是：攻顶。

庄子说：圣人的大智慧从哪里来？像神明般的大人物，他的神、他的明又从哪里来呢？庄子自答：“从一而来的”。(《天下》)

这个“一”就是天地万物为一体的“一”。

你们且莫烦恼，以为我要带你入“玄”了。不是的，庄子是以独特的直上直下的方式提醒：想领人生的大智大慧，请以全体本身作为立场，切入。

打个简单直接的比喻：道即是路。

请在纸上画出一条路。这条路不要画横的，要直上直下地对着自己。于是路的一端接近你，“你”的立场出现了。接近你的一端是头，另一端是尾。庄子说请放下这立场。请回到直线本身的立场。这样你会发现路没有头尾，头即是尾。头尾几乎要重迭了。

你一定要想通这点，路的奥秘才会显示给你。

一条尺，首尾三十公分，不可增减。它就是三十公分。然而它本身的奥秘是：它可以量尽天下的尺寸。

道理是相通的。一条直上直下的路，两端接连着台北和花莲，不可增减。就是接连台北和花莲。然而它的奥秘是：它可以通天下为一体，无远弗届。

这里，庄子发现的是：全体本身似可伸缩、隐形。在《逍遥游》篇，庄子直接揭秘。他说有一只风鸟（鹏），飞到九万里高空，它的眼神往上一看：“万里一青”，向下一看：“尘埃往来”。然后庄子再进一步，发一怪论说：假设这只风鸟飞到万里一青之上空，向下俯瞰的话，“万里一青”也即是“尘埃往来”。

如是，庄子说世人都以走路的方式来看一条路。而这就像长程、短程之旅行。这也即是小麻雀从草地飞到树枝上的短程之旅。同时也即是它看到风鸟的长程之旅。可是，风鸟看自己的旅程就不是这样。怎么说呢？宋荣子是一位智者，他已知晓人世有内（虚）外（实）之分。他的心定于内，所以外在的毁誉都虚化了。另一位列御寇也是智者，可以御风而行，不必走路。风就是路。风带他到无远弗届的地方。可惜他回家之后，却不知他去了哪里？另一位高人（暗示庄子自身，注意这里已是自身在说法），他的心乘坐在天（虚）地（实）的正位，不偏不倚而可以御“六气之变”。庄子之意是：心在正位与天地同出同入，永不可分离，这就是“寸心之奥”。进可守住一块清净地，退也可应变。

这个心法就是庄子的道。凡不曾领悟这个心法的人，看来皆是心智聋盲之辈，可叹。而姑射山人领悟此新法，遂返回生命初始的气之顶峰漫游，似乘龙御云之莫测。此处即是盘桓于“无用之用”的大树下之无何有之乡、广漠之野。请读者留意，这些文字都对应庄子的“心法”，即心灵结构而书写出来。若对之望文生义，皆非解人。因此，庄子说要善自挪一挪你的心，来和我对应。比如说，尧像一个太阳放光照全世界，但他未坐到天地之正位，所以他照的天下有三块阴影。这使他老人家心情不爽。舜便提醒他说，从前十日并出，没有照不到的死角，也就不会有阴影。你应超越他们才对。因为你须挪动一下，坐得天地之正位，那么只需要一个太阳照天下，也不会有阴影。（《齐物论》）

庄子的道，以心应物，别无他法。全书行文似鬼魅附身，刁钻古怪，但也只有这个伎俩。凭这伎俩，他知天命，示汝智慧。他也告知你人生无实无虚，勿做虚工。他也想带汝漫游，身体像失重一般，不耗力量，只凭“气量”。人生深奥可游，彼对汝神秘一笑。这些都请凝神和庄子对看，勿看他的肚脐眼。

书于猫狸故居之萧瑟不妙楼

二〇一二年端午前三日

屈原尚未跳水之日

# 目　录

# 《庄子》序

人，生活在现实的社会中，是不自由的。庄子学说的要旨，便是把人推到极限的状态，以求实现自由的愿望。

本书的原作者叫作庄周。庄周的身世，到现在仍在五里雾中。

根据《史记·老庄申韩列传》上说：他是战国时代宋国人。他和梁惠王、齐宣王是同一时代的人。他做过管理漆树园的“吏”（园长？）。楚威王想聘他做宰相，他笑着说：“我还是自由自在的好！”

这是现存的一篇最早的传记。这篇传记是庄子死后约二百多年，由大史学家司马迁所记录的。传记的内容，十分简略。对于庄周的父母是谁，他的子女是些什么人，我们都一无所知。

《史记·宋世家》和《战国策》，也没有庄子的记录。根据庄子自己所说的话，他是结过婚的。但是他的妻比他早死。他的生活很穷。他穿着宽大的布衣，上面打了许多补丁，腰间系上一根草绳，脚上穿的草鞋，鞋子的后跟都脱掉了，但他毫不在乎。

庄子只有一个最能谈话的朋友，叫作惠施。就是那个和公孙龙一样喜欢谈论“鸡三足，卵有毛”的惠施。惠施也比庄子早死。

惠施死后，庄子说：“我再也找不到说话的人了！”此外，在庄子身边周旋的，只有几个他的弟子，这些弟子的面孔也很模糊。

因此，我们可以说：庄子是一个最寂寞的人。他一生没有一个知己，如果要说他有知己，他的知己便只是一些大自然的化身。像高飞九万里的大鹏鸟，餐风饮露的姑射山神女，歌吹天籁的南郭子綦，以及和他在梦中相会的蝴蝶，寥寥数子而已。

庄周所著的《庄子》这本书，原来有几篇？原书是什么样子？已经没有人知道。我们现在所看到的《庄子》，是晋代郭象所重编的三十三篇本。这三十三篇包括：内篇七篇（《逍遥游》、《齐物论》、《养生主》、《人间世》、《德充符》、《大宗师》、《应帝王》）；外篇十五篇（《骈拇》、《马蹄》、《胠箧》、《在宥》、《天地》、《天道》、《天运》、《刻意》、《缮性》、《秋水》、《至乐》、《达生》、《山木》、《田子方》、《知北游》）；杂篇十一篇（《庚桑楚》、《徐无鬼》、《则阳》、《外物》、《寓言》、《让王》、《盗跖》、《说剑》、《渔父》、《列御寇》、《天下》）。据唐代陆德明的《经典释文·序录》说：崔撰有《庄子注》二十七篇，向秀有《庄子注》二十六篇，司马彪有《庄子注》五十二篇，李颐有《庄子集解》二十篇，孟氏有《庄子注》五十二篇。《汉书·艺文志》也说《庄子》五十二篇。可见至少到晋代，庄子的旧本已经散乱。

庄子生活的时代是战国时代。那是一个“强凌弱，众暴寡”的时代。那是一个离乱、痛苦的时代。《庄子》书中，处处反映那个时代的痛苦。《庄子·则阳》篇上说：柏矩到齐国去，刚踏入齐国的郊外，第一眼看见的便是一具罪犯的尸体。柏矩跪了下去，把他扶起来，用自己的衣服披在他的身上，放声大哭道："哎呀，天下最大的灾害，你先就遇上了！真可怜啊！国法上说：'不要去做强盗，不要去杀人'，但是，谁在做强盗，谁在杀人呢？强盗杀人的行为，要责备谁才好呢？"

庄子出生的地点在宋国，宋国在河南洛阳附近，是一个小国，又处在四战之地。宋国本是殷商民族败亡以后的残余，被征服者的历史，总是涂上许多悲惨的色彩。而到了庄子的时代，征服者周王朝的权威，也只剩下一抹斜阳，卷缩在洛阳的城头。城外，那座商朝大臣箕子的坟墓，早已笼罩在一片苍茫暮色之中。

现实世界的痛苦，是一个无底的陷阱。夕阳下的权威，丘垄黄土下的贤者，是伟大？还是渺小？庄子的视线，从此移开了人世，他所旷观的乃是无穷的时空。

庄子察觉了人的根本问题，在于人的不自由。人为什么不自由，因为人有依赖。人依赖物质而生活。人依赖情感而生活。人依赖知识而生活。人依赖艺术而生活。人依赖上帝而生活。这些依赖，便使人人陷入自我拨弄的"不自由"的境地。如果人要实现自由，便须先去掉依赖之心。

庄子认为：人必须自觉人的存在，是和无限时空中大自然的有机运作息息相关的。人必须用自然来观察"一切"。自然像是一个混沌，人也要像一个混沌。换句话说：人不要从他人而画出自己，不要从自然画出人，不要从无价值画出价值，不要从过去和未来画出现在，不要从死亡画出生存，不要从无限画出有限。这样才能超越束缚而得到自由。这就是庄子哲学最不同于诸子百家的地方。

庄子的哲学，是自由的哲学。是把生命放入无限的时间、空间去体验的哲学。许多哲学家是把一棵活生生的树砍死了，才作分析。庄子则就一棵活生生的树来体验他的生命。

从《庄子》的架构和层次来看，庄子是太伟大了。世俗距离他太远了。庄子的大鹏高飞在九万里的天空，小麻雀自然要笑他了。所以，世俗对于庄子的误解、诽谤是必定要发生的。世俗的人说庄子是消极的、避世的、颓废的、虚无的。但事实上，究竟谁才是真正面对生命的真实呢？世俗又说庄子是个人主义、神秘主义、无政府主义。其实，庄子的睿智却高高地超出了这些主义。这些主义和庄子没有什么相干。正如一切的知识不能附丽在大道上面一样。

人世的生活，在庄子看来，是“无生命的秩序”，庄子所要追求的却是“有生命的无秩序”。

人，喜欢树的形状和颜色。庄子却喜欢树的生命。

我这本白话《庄子》，是以郭庆藩的《庄子集释》、王先谦的《庄子集解》、王叔岷的《庄子校释》等作为底本，把《庄子》原典中最具故事性的部分，采选出来，改写成白话故事。由于庄学十分深奥，改写所发生的错误必然不免，请海内外方家多批评指正是幸。

罗龙治序于台北

一九八〇年十月

# 逍遥游第一

## 巨大的怪鸟

北海有一条鲲鱼，它的身子有几千里那么大。有一天，它突然变成了一只大鹏。这只大鹏的背，就有几千里之广。它的翅膀张开来，像是天边垂下来的两片黑云。

《齐谐》这本故事书上说：当北海上的巨风来临的时候，海水混浊得像是沸腾了一样。这时，大鹏不能住了，便张开翅膀，激起三千里的浪花，然后借着旋风往天空冲去，一直飞上九万里的高空。飞了六个月才到达南海，在那里休息。南海是一个天然的大池。

当大鹏在九万里的高空，低头向下一望，只见野马般的游气，和生物气息吹动的浮尘，浑蒙蒙的一片，地面上所有的山河城屋，都消失不见了。大鹏又抬头向上一望，只见天色苍茫无际。天地和它浑然混合为一了。

【点评】

（一）庄子的大鹏一起飞，在九万里高空的浑然苍茫境界，便是打破一切人为的“相对价值”的世界。

（二）大鹏要凭借巨风才能高飞。如果它心中忘了巨风，自然而然，自由自在，这叫作“没有依赖的逍遥”。庄子的术语称作“无待的逍遥”。这就像姑射山的神人乘云气，御飞龙一样了。

（参见本篇“姑射山的神女”条）

## 小麻雀自鸣得意

大鹏飞在九万里高空的时候，小麻雀讥笑它说：“那家伙花这么大的力气，飞那么高干什么呀？我在地上想飞就飞。有时候，我一飞就到了榆树上。有时候，我一飞，飞不到树上，就落回地面上了。像我这样自来自去，在草地树林里穿梭，也可以说是飞的绝技了。”

【点评】

（一）小麻雀的飞行、小麻雀的知识、小麻雀的境界，都和大鹏不一样。

（二）以小麻雀的飞行、知识、境界，根本不能了解大鹏。

所以才会嘲笑。我们不必笑小麻雀，也不必羡慕大鹏。

## 寒蝉和灵龟

世人都说："彭祖活了八百岁，是人间最长寿的了。"但是，把八百岁当作长寿，仔细想想，实在是很可悲的事。

因为有一种小虫叫作"朝菌"，朝生而暮死。它根本不知道世间有所谓的"一个月"。另外有一种虫子，叫作寒蝉，春生而夏死，夏生而秋死。它又根本不知道世间有所谓的"四季"。可是楚国南方的海上，有一只巨大的灵龟，五百年对它只是一个春季，五百年对它只是一个秋季。上古时代有一种椿树，八千年对它只是一个春季，八千年对它只是一个秋季。

朝菌和寒蝉叫作"小年"。灵龟和椿树叫作"大年"。"小年"是不会了解"大年"的。

彭祖八百岁，对灵龟和椿树来说，不也是"小年"吗？世人把彭祖认为是长寿，不也就是"小年"的悲哀吗？

**【点评】**

"小年"不了解"大年"。所以人世上，小智慧也不了解大智慧。

## 列子御风而行

列子能够驾御风飞行，轻飘飘的十分美妙，他出去了十五天才回来。他的这种幸福，世上已是罕见的了。

但是，在有道的人看来，列子虽然不必用脚走路，毕竟还是要依靠“风”才能飞行，所以也不是真正的自在逍遥。

【点评】

世俗的“逍遥”，就像世人的幻想：“我要是能飞就好了。”其实，这种逍遥，仔细想想看，并不真正自在。列子御风的故事，可以唤醒我们的梦幻和浅见。列子御风而忘不了风，所以不是真的逍遥。

## 许由不受天下

尧想把天下让给许由，怕许由一口回绝，所以尧说：“太阳、月亮都出来了，还要我这小火把干吗？及时雨都下过了，还要人工灌溉干吗？我认为我实在不如你，所以请允许我把天下交给你吧！”

许由说：“算了吧！小鸟在树林做巢，所需不过一枝；老鼠在溪流喝水，所需也不过满肚。你把天下让给我，我要拿来做什么呢？况且天下已经由你治好了，你想把这个美名让给我吗？我要这‘空名’做什么呢？”

【点评】

智慧圆通的人，绝不妄求“空名”。这用庄子的话说，叫作“圣人无名”（道家所谓圣人是智慧圆通的人，不要把他想成儒家的圣人）。

## 姑射山的神女

在遥远的北海中，有一座姑射（yè）山。

姑射山上有一个神女，肌肤像冰雪般的洁白，意态轻盈像处女。她不吃五谷，只是吸吮空气和露水而已。她可以乘御着云气，驾驭飞龙，遨游到四海之外的虚空。她的精气凝聚起来，所到之处能使万物不腐坏，也可使谷物成熟。她的精气既广被万物，所以人世的治乱在她看来只是大海中的一个泡沫。她的污垢、她的糟粕便不知道可以造就人世多少的尧舜。

【点评】

在广大的宇宙中，人世的治乱如泡沫的生灭。所以神化莫测的人，明白自然生灭的道理，便不会妄想“立功”。

## 越人文身

有一个宋国人带着帽子和衣服到南方的越国去贩卖，他以为可以赚到一笔大钱。但是，越人的风俗是：剪断了头发，赤裸着身子，身上刺画着文彩，全不穿戴衣帽。所以宋人的衣帽对他们全没有用处。

**【点评】**

用和无用，功和无功，都是相对的，不可执着不化。所以，想通了这道理，尧舜的有功无功和宋人衣帽的有用无用，都同样不是绝对的。姑射山的神人把尧舜的功劳看作泡沫的生灭，便是同样之理。

## 惠施的大葫芦

惠施是庄子的好朋友。有一次，惠施对庄子说：“魏王给了我一些大葫芦的种子。我把它种了，结的葫芦极大，可以装五石的容量。可是，它的质料不坚固，用来盛水，一拿起来就破了。切成两个瓢，又太浅装不了多少东西。因此，这葫芦虽然大，却大得没有用处。我就把它打破丢了。”

庄子听了，笑说：“可惜啊！你竟不会用大的东西。这个葫芦这么大，你何不做一个网络把它套起来，然后把它绑在腰上，作为‘腰舟’，使你在水中载浮载沉，不是也很愉快吗？为什么一定要用来装水呢？”

**【点评】**

有用和无用是相对的。惠施坚持以为葫芦只能用来装水，庄子却认为不可以这样坚持。因此惠施的想法行不通之后，庄子变通的用法，便显出了妙用。这叫作“无用之用”。

## 宋人的秘方

宋国有一族人，善于制造一种药。这种药，冬天的时候，用来搽在皮肤上，可使皮肤不会干裂。所以这一族人，世世代代便做漂白布絮的生意。

后来，有个客人听见这消息，便出了百金的高价，向他们族人收购了这个秘方。

那个客人买得秘方以后，便把它献给吴王，并说明这个秘方在军事上的妙用。那时吴越双方是世仇，吴王得到这秘方以后，就在冬天发动水战。吴人持有秘方，军士都不生冻疮。越人没有这种药，军士便生皮肤病而大败。

吴人打败越人以后，献秘方的客人，便受封了一大块的土地，生活富裕，社会地位也不同了。

**【点评】**

同样的一种药方，有人不会用，只好世代漂絮。有人会变通使用，便裂土封侯。所以，有用无用，要看你怎样用。

## 无用的樗树

惠施对庄子说："我有一棵很大的树，树名叫作樗（chū）。这树的主干，木瘤盘结。它的小枝，也都凸凹扭曲，完全不合乎绳墨规矩。这树就长在路边，但从来就没有木匠去理会它。现在你所讲的话，依我看也就和这大树一样，大而不适用，有谁人会相信呢！"

庄子说："你没有看见过狐狸和野猫吗？为了捕食，东窜西跳，不管高低，结果往往中了机关，死在陷阱里。至于犛牛身子虽大，像天空垂下来的一块云，但它却不能捉老鼠。现在你有一棵这样大的树而愁它无用，那何不把它种在广大空旷的地方，很舒适地在树下盘桓休息。这树既然没有其他的用处，自然也就不会有人来砍伐，而且它又不会妨害别人，自然你也不必操心了。"

【点评】

（一）樗树没有什么用处，所以不会被砍伐。这对樗树来讲，“无用之用”正是它本身最大的用处。樗树的逍遥自在也就显示出来了。

（二）许多人以为盘桓在树下休息的人，便是真正逍遥的人。这是不正确的。因为有心依靠樗树而得来的逍遥，仍然是“有待的逍遥”。所以，逍遥要看你的心境怎样。有依赖心就不自由了。

# 齐物论第二

## 大地的箫声

南郭子綦（qí）有一天斜靠着矮桌，仰头向天慢慢地吐出了一口气，悠然地进入了忘我的境界。

他的弟子颜成子游便问道："怎么回事啊！你今天的样子和往日大不相同哩。难道说人的形体可以变成枯木，心灵也可以化做灭灰（死灰）吗？"

南郭子綦说："子游，你问得好。刚才我进入忘我的境界，你知道吗？你听过人的箫声，却没有听过大地的箫声；你就是听过大地的箫声，也还没有听过天的箫声啊！"子游说："请问这是什么道理？"南郭说："人的箫声，就是排箫或云箫，是不必说了。大地的箫声就是风声。"子游说："风声我也听过啊！"南郭说："不要急，慢慢听我讲风声的道理。"南郭继续说："大地吐发出来的气叫作风。风一发作，所有的孔穴便大叫起来。记得大风吗？大风一吹，山林巨木的孔穴，有的像鼻子，像嘴巴，像耳朵；有的像圈圈，像舂臼；有的像深池，像浅坑。这些孔穴一起发声，有的像急流，像羽箭；有的像叫骂，像呼吸。有的粗，有的细，有的深远，有的急切。所有的孔穴像在唱和一样。大风过去以后，所有孔穴都静了下来，只有树枝还在摇动而已。这就是大地的箫声。”

**【点评】**

（一）人吹出来的箫声，使你听来有喜怒哀乐。大地山林的箫声，你会认为它也有喜怒哀乐吗?

（二）声音的本身是没有所谓喜怒哀乐的。这点只要你换一个立场去听，就会明白了。用“人”的立场去听箫声，便有喜怒哀乐。用“自然”的立场去听箫声，便没有喜怒哀乐了。

（三）所以，喜怒哀乐是“人为的分别”，而不是自然。

## 天的箫声

颜成子游对南郭子綦说：“刚才你讲的拿大地的箫声和人吹的箫声相比较，我好像听懂了。那么更高境界的天的箫声又是怎样的道理呢？”

南郭说道：“用刚刚我讲过的道理做基础，你才能听懂天的箫声。现在你注意听吧！天的箫声是什么呢？风吹各种不同的孔穴，发出不同声音。这些声音所以有千万种的差别，乃是自然的孔穴状态使然。而使它们发动的还会有谁呢？”

【点评】

（一）风是谁发动的？

（二）风声是谁发出的？（风声指各种孔穴的声音）

（三）一切都是自然。

（四）人的箫声、大地的箫声、天的箫声，庄子原文分别是：“人籁”、“地籁”、“天籁”。

## 谁是主宰

人的形体有许多的骨头、孔穴、内脏。它们存在得很完备。它们之间是怎么样互相支配的呢？都是奴婢吗？奴婢怎能互相支配？是奴婢们轮流支配吗？还是另有真正的主宰呢？

用人的立场去追寻“真正的主宰”的话，你说“有真正的主宰”，也不能增减自然的一分。你说“没有真正的主宰”，也不能增减自然的一分。

人生下来以后，用“人”的立场去追寻“真正的主宰”，就好像把“我”放在马背上拼命奔驰一样，永远停不下来。最后呢？心灵和形体都消失了，这不是最大的悲哀吗？

【点评】

（一）用人的立场去追寻“真正的主宰”，就好像用人的立场去听人吹的箫声一样。永远听不到大地和天的箫声。

（二）用人的立场追寻“有无”，不管是“以有为无”或“以无为有”都是迷路了。

（三）一切都是“自然”。用自然的立场去追寻“主宰”，主宰便“非有非无”。“非有非无”就是超越“有无”的人为的分判。

## 西施是美女吗?

如果我们当初把天地叫作“马”，或是把天地叫作“指”，那么天地便是马，或便是指了。

路是人走出来的。名称是人叫出来的。人自己认为对的，就说“对”。人自己认为不对的，就说“不对”。但是“对”和“不对”的标准是什么呢?

人认为西施是美女。鱼呢?鱼看了西施，可能就沉入水底去了。

【点评】

人用人的立场去创造知识、创造艺术，人就被人所创造的“知识之环”、“艺术之环”套住了。

## 朝三暮四

有个养猴子的人，拿橡子喂猴子吃。有一天，他对猴子说："早上给你们吃三升橡子，晚上给你们吃四升橡子，好不好？"那些猴子全都生气了。他又对猴子说："那么，我早上给你们吃四升，晚上给你们吃三升好了。"猴子都高兴得不得了。

**【点评】**

（一）"朝三暮四"和"朝四暮三"在名称上虽然不同，实质上并无增减。可是猴子的喜怒却被支配着。

（二）人是否经常也犯着与猴子相同的错误？想想看。

## 昭文不再弹琴

昭文是古代的琴师，他的琴弹得非常好。

但是，后来昭文再也不弹琴了。因为他终于悟到："当你弹琴的时候，只要你发出一个声音便失掉了其他的声音。只有当你住手不弹的时候，才能五音俱全。"

**【点评】**

（一）古代把宫、商、角、徵（zhǐ）、羽，称作五音。

（二）陶渊明的琴，没有一根弦，他“弹”琴的时候，便只用手“摸摸”而已。渊明的琴，便叫“无弦琴”。

## 惠施靠在梧桐上

惠施口才很好，和人辩论了一辈子。每次当他辩论累了，就靠在梧桐树上休息。

惠施靠在梧桐树上休息的时候，有一次，终于悟出了不辩论的道理。从此就不再劳神去和人家辩论了。

**【点评】**

利用口才的辩论，把人驳倒，你便算胜利了吗？你认为你“胜利”，这正是你的“失败”。因为大道是不能用任何人为的“语言”、“符号”来表达的。

## 庄子说话不说话？

庄子说：“我一辈子说了那么多的话，但是，我实在没有说过一句话。”

【点评】

佛陀为了不让众生误解佛法，不执着在经文的字句名相上，就说："吾四十九年往世，未曾说一字。"这是不是和庄子有异曲同工之妙？

## 王倪知道不知道？

啮（niè）缺问王倪说："你知道万物的知识，有共同的标准吗？"

王倪说："我怎么知道呢？"

啮缺又问："你知道你所不知道的事物吗？"

王倪说："我怎么知道呢？"

啮缺再问："那么关于万物的知识，就无法知道了吗？"

王倪说："我怎么知道呢？"

啮缺问王倪三句话，王倪三问三不知。啮缺有点失望。

王倪说："你何必失望呢？你怎么知道我所说的'知'不是'不知'呢？你又怎么知道我所说的'不知'便是'知'呢？"

啮缺听了，心中若有所悟。王倪便又说道："我且问你。人睡在潮湿的地方，会得关节炎，泥鳅会这样吗？人住到高树上就会害怕，猴子会这样吗？人、泥鳅、猴子住的地方都不一样，谁知道哪个住处才标准呢？人喜欢吃肉，鹿喜欢吃草，蜈蚣喜欢吃蛇，乌鸦喜欢吃老鼠。这四种动物口味不同，谁知道哪个口味是标准呢？”

【点评】

万物的知识、标准不一。所以“人为”的标准，不是“唯一”、“绝对”的标准。如果不明白这一点，误把“相对”当做绝对，那便离大道越来越远了。

## 丽姬的哭泣

丽姬做新娘，嫁给晋献公的时候，伤心得把衣服都哭湿透了。后来，到了晋国的王宫，睡在柔软的床上，吃着四海的美味，才知道自己出嫁时，哭泣有多愚蠢。

【点评】

人都怕死。这是不是和丽姬出嫁时的心情一样？这是不是像自幼流浪在外的人到老了还不知道回家一样？

## 长梧子的大梦

长梧子对瞿鹊子说："做梦的人，往往不知道自己在做梦。当他在梦中还在占卜吉利不吉利。到他醒来以后，才知道刚才在做梦。"

长梧子又说："有大觉悟的人，才知道生是一场大梦。但有时候，有些愚人却自以为是大觉悟。"

长梧子再说："我和你都在做梦。我说你做梦，也是说梦话哩！我的话如果有人懂，就是在亿万年之后，也像刹那间遇到他一样。"

**【点评】**

（一）有大疑惑的人，才可能有大觉悟。不疑不惑的人，终究不会有大悟。

（二）愚人往往自以为大悟。所以愚人终究还是愚人。

## 影子的对话

罔两是影子的影子。

罔两问影子说："你一会儿走，一会儿停；一会儿坐，一会儿站。这是怎么搞的？你不由自主吗？"

影子说："我是有所依赖才这样子的吧！我所依赖的东西又有它的依赖，才这样子的吧！蛇靠横鳞才能爬行，蝉靠翅膀才能飞。但它们死了，虽有横鳞、翅膀也仍然不会爬，不会飞呀！所以依赖'不依赖'，才是自然吧！"

**【点评】**

（一）自然之道，是一种变化之道。没有固定的"君"，没有固定的"臣"。

（二）依赖"不依赖"，便是变化之道。这意思是说：不要有心去依赖，也不要有心不依赖。"有心"便是人为而不自然了。

## 蝴蝶梦的大觉

有一天的黄昏，庄周梦见自己变成了蝴蝶。他拍拍翅膀，果然像是一只真蝴蝶，快乐极了。这时候，他完全忘记了自己是庄周。

过了一会儿，庄周在梦中大悟，原来那得意的蝴蝶就是庄周。那么究竟是庄周做梦变成蝴蝶，还是蝴蝶做梦变成庄周呢?

庄周和蝴蝶在人为的"名分"上是有区别的。但是，到了梦中，庄周方才大悟：原来庄周也可以是蝴蝶。

这叫作物化。物化就是自然的变化。

【点评】

（一）用自然的变化来看万物，万物才得自在。人也才得自在。这便是“齐物”的道理。

（二）能“齐物”才能“逍遥”。逍遥游的“无待的逍遥”在南郭子綦的故事和庄周梦蝴蝶的故事中，最能获得启示。

（三）姑射山的神人，能驾飞龙，乘云气。龙、云也都是指自然的变化。想想看：这和列子御风有什么不同？

（四）蝴蝶梦是梦中的大觉悟，是生死的大觉悟。这梦和觉的打通，便是了生死的要道。

（五）许多译蝴蝶梦的人，都把这故事割裂成梦、醒两段，这是不对的。《庄子》原文是：“昔者庄周梦为胡蝶，栩栩然胡蝶也。自喻适志与，不知周也。俄然觉，则蘧蘧然周也。不知周之梦为胡蝶与？胡蝶之梦为周与？周与胡蝶则必有分矣，此之谓物化。”文中的“俄然觉”，是指在梦中的“觉”。庄子这种写法，便是打破人为的“觉、梦”之分别。这便是“梦而不梦，觉而不觉”。

# 养生主第三

## 庖丁解牛

庖丁替文惠君解剖牛，他的手脚肩膝的动作和刀子出入筋骨缝隙的声音，无不完美结合，像是古代桑林的妙舞。当庖丁解剖完了以后，牛不知道它已经死了。

文惠君看了，大为叹服，说道："真想不到你的技术已到这样的化境。"

庖丁把刀子放下来以后，慢慢地说道："我解剖牛所使用的不是技术而是道。"文惠君大为惊奇。

庖丁说："我最初解剖牛的时候，眼中看见的就是一头牛。但三年之后，我解剖的牛多了，眼中看见的便不再是一头牛，而是牛身上的筋骨脉络的结构。从此之后，我解剖牛便用心神意会，而不用眼睛看了。"文惠君愈听愈入迷。庖丁又说道："普通的厨子，一月要换一把刀，那是因为它又砍又割。好的厨子，一年才换一把刀，那是因为它只割而不砍。我的刀用了十九年，还像刚从磨刀石上磨出来的一样锋利，那是因为我不割更不砍。我的刀锋只在牛身上的筋骨缝隙游来游去，任意活动，所以我解剖牛的时候，牛完全没有痛苦，它身上的骨肉掉下来，就好像泥土从它身上掉下来一样，最后牛便不知道它已死掉了。这时，我就把刀子拭干净，好好收藏起来。”

文惠君说：“好极了！你的话提供了我最好的养生的道理。”

**【点评】**

（一）庄子用牛身子的结构，比喻人世的错综复杂。不会操刀的人杀牛，硬砍硬割，就好像不懂道理的人，在世上横冲直闯一样。徒然地损耗形神。

（二）庖丁解牛，游刃有余，便提示养生的自然妙理，必至目无全牛，然后天地万物乃豁然开解，使你无入而不自得。

（三）“牛不知其死也”，是很精彩的一句话。但一般版本的《庄子》，都缺了这句话。本文是参考王叔岷的《庄子校释》补上去的。

## 一只脚的人

公文轩最初看见右师只有一只脚，心中大为吃惊。后来他仔细地想了一想，终于明白了。于是他说道：“右师只有一只脚，但只要是天生的，不是人把它砍掉的，那便也合乎自然啊！”

【点评】

（一）看惯了人都有两只脚，突然看见一只脚的人，便常误会一只脚的人是“人为的残缺”。庄子却提醒我们说，这是“先入为主”的观念在作祟。

（二）人天生下来如果都是一只脚，那么突然看见两只脚的人，便也会误以为那是不自然。

（三）其实，只要是天生的，一只脚，两只脚乃至像蜈蚣那样多的脚，亦都是自然的。

（四）养生不是叫你去保养那一只脚，或两只脚。

## 笼中的野鸡

山林的野鸡有时候求食虽然不容易，走十步才找到一条虫，走一百步才找到一口水，但是它仍不希望被关在笼子里。因为，在笼子里虽不愁吃喝，羽毛光亮，但精神上终不如野外自由。

【点评】

懂得养生的人，不会因为追求物欲的享受，而付出自由的代价。但在现实的社会里，有几个人“头上便是青天”的呢！

## 自然的刑罚

老子死了。秦失（佚）来吊丧，哭了几声就走了。

老子的弟子问道："你不是我老师的朋友吗？怎么随便哭哭就跑了，一点也没悲哀的样子？"秦失说："我是老聃的朋友，我这样哭哭就可以了。"

老子的弟子很奇怪。秦失便解释道："老夫子该来的时候来，该走的时候走，完全顺应自然的变化，喜怒哀乐都不能影响他的心，这叫作——'帝之悬解'，就是自然的解脱。所以我不必为他悲伤。刚才我看到许多不是老夫子的亲人，在放声大哭，这叫作'遁天之刑'，就是违背自然的人所遭受的刑罚。这两个道理，你们应该明白。"老子的弟子们听了，便不再悲伤哭泣了。

**【点评】**

（一）生死只是自然的变化，养生必须了解生死，不被感情所打动。

（二）秦失的哭，只是随俗而已，心情并不悲伤，所以和别人的放声痛哭不同。

（三）秦失不悲伤，不是故意的不悲伤。

（四）老子之死，只是形体的死亡，不是精神的死亡。秦失明白这道理，所以不会为他悲伤。

## 薪尽火传

用油脂来做柴烧，油脂有烧完的时候，火却永远地传下去，没有穷尽。

【点评】

（一）本篇寓言的原文是："指穷于为薪，火传也，不知其尽也。"

（二）"指"是"旨"、"脂"的假借字，历来都把"指"误认为是手指，这是要修正的。

（三）油脂是指形体，火是指精神。养生不是保养形体，而是"保真"——保养精神，使其不灭。

## 养生主

人的生命有限，知识却是无穷。如果以有限的生命，去追求无穷的知识，那是非常危险的，知道危险而却以为知识使你聪明，那就更危险了。

【点评】

（一）知识是以了解养生的道理，也就是了解自然变化的道理为主。了解之后，便顺应自然的变化，不要再追逐多余的知识。否则便是迷路了。

（二）庄子的意思不是“反知识”，而是要人“超越知识”。

（三）人为地益寿延年，不是庄子养生的本意。

# 人间世第四

## 螳臂当车

颜阖问蘧（qú）伯玉说：“有个人天性嗜杀，如果放纵了他，便会危害我的家国；如果去劝他向善，便会先危害到我自己。那人的脾气很怪，通常只看到人家的过失，看不见自己的过失。请问这种人拿他怎么办？”

蘧伯玉说：“对付这种人，第一要善巧和顺，绝不能冒犯激怒他。他像婴儿一样，你便也装作像婴儿一样。他颠三倒四，你也装作颠三倒四一样。先使他觉得你和他是同类，慢慢再设法把他引导过来。”颜阖说：“为什么要事先对他那么和顺？”蘧伯玉说：“你没有看过螳螂吗？把它激怒了，它就举起手臂去挡住车轮，自以为它的力气很大。你要小心呀，假若夸大自己的才能而去触犯他，那就和螳臂当车一样的危险啊！”

【点评】

（一）劝人向善，虽是一片好意，但所用方法不当，常会招致危机。

（二）用自己的长处去压倒别人，是危险的事。

## 养虎的人

养老虎并和它相处，是一件危险的事。

懂得饲养老虎的人，都不敢拿整只活的动物给它吃。因为老虎在搏杀生物的时候，会引发怒气。野性一发，往往不可收拾。

所以养老虎，要注意它什么时候饿？什么时候不饿？什么时候高兴？什么时候不高兴？老虎和人不同类，但能把它养得像猫儿一样柔顺，便是因为养虎的人先是顺着它的缘故。

【点评】

老虎有老虎的性情，如果能顺着它的性情，老虎便也不凶暴、不可怕了。

## 爱马的人

很多人喜欢马，以为马比老虎柔顺，其实不懂养马之道，还是很危险的。

从前有一个极喜爱马的人，伺候他的马无微不至。他用竹编的筐筐去接马粪，用巨大的海蛤去装马尿。

有一天，有一只巨大的吸血苍蝇，停在马背上正在吸血。养马的人一看，便悄悄走过去，出其不意用力拍去。马受了惊吓，便用后脚一踢，把养马的人踢死了。

**【点评】**

这篇寓言很精彩，值得三思。庄子这篇寓言的本意是："意有所至，而爱有所亡（忘）"。意思是说：你喜欢一个人，那人却不一定了解你的爱。

## 土地神的树

匠石有一次要到齐国去。带了几个弟子，跟在后面。当他走到山路上刚刚拐弯的地方，看见一个土地神的庙旁边，长着一棵巨大无比的树。

这棵树的树荫，可以容纳好几千头的牛在树下休息。它的树干巨大，直到半山以上才开始有分枝。这些分枝可以拿来做独木舟那样粗的，数以百计。

匠石的弟子和很多路人都聚在路边，好奇地在看这棵巨大的怪树。只有匠石看了一眼便掉头不顾，继续走他的山路。

匠石的弟子看饱了以后，便追了上来问道："师父，自从我们追随你学工艺以来，从没有见过这么大的树。师父怎么不停下来看看，就走了呢？"

匠石说："算了吧。那不过是一棵根本没有用的树（散木）。用来做船就会下沉。用来做棺材，很快就烂掉。用来做器具，又不够坚固。用来做门框，又会有树汁流出来。用来做柱子，又会长蛀虫。总之根本就是一棵没有用的树，所以才会长得这么高大。既然没有用，我还看它做什么？"

到了那天晚上，匠石忽然做了一个奇怪的梦。他梦见那棵大树对他说："你白天说我什么？你说我是没有用的散木，我说你才是没有用的散人呢！你怎么不想想看，我如果有用的话，不早就给你们砍掉了吗？我哪里能够活到今天呢？你再看看那些橘柚之类的树，果子成熟的时候，常被人家拉拉扯扯，备受侮辱。松柏之类的树，甚至经常被人砍掉，性命不保。世俗的人，不也都是这样咎由自取的吗？"匠石听了大为高兴，便对大树道歉说："真是对不起，原来你是一棵有大智慧的树。"那棵大树又说："为了把我自己变成没有用的树，我不知道伤过多少脑筋。有好几次，就因为我是没用的树，也几乎被人家砍死。所以，最后我才找到这个地方。”

第二天，匠石便把昨晚的梦告诉弟子们说：“你们要注意呀！没有用的用处，才是最大的用处哩！”弟子们点点头，然后又问说：“那棵树既然把自己变成没用的树，那又何必一定要长在土地庙的旁边，引人注意呢？”匠石道：“说话小声点，不要又被那树听见了。你们何不想想看，那棵没用的树，可以任意长在大路中央吗？它长在土地庙旁边，人家以为它是土地庙的树，就是要砍柴烧，也不敢来砍它了。”

**【点评】**

（一）有用和无用是相对的。任何情况下都“有用”，固然危险。任何情况下都“无用”，也是危险的。

（二）“无用之用”是指一种变通。比如说没有用的树，木匠固然不会砍它来用。但它如果刚好长在大路中央，还是有被推土机推掉的危险。反过来说，一棵有用的树，如果长在深山，人迹不到，那么它还是可以保全的。

（三）“甲的补药是乙的毒药”，好好想想这句话。

## 河神的祭物

宋国荆氏的地方，适合种植楸树、柏树、桑树。这三种树长到一握粗的，就被砍去做养猴子的木桩。更粗壮的，便砍去建高大的房子。最粗的，就被富贵人家砍去做棺材了。所以这些树，都不能享尽自然所赋予的年寿，纷纷中年夭折了。

古代祭祀河神的时候，凡是白额头的牛，高鼻子的猪，和有痔疮的人，巫祝都不会把他投到河中祭祀河神。因为这些都被看作“不祥”。

因此，有智慧，通变化的人，便常以“不材”、“不祥”的姿态出现，以免除世上的祸害。

【点评】

《史记》中西门豹治邺的故事，说邺地风俗是以美女来祭河神的。女子因为长得美，便做了河神的“牺牲”。那么“美”究竟是“祥”还是“不祥”？智者必能分别，不会白白做了“牺牲”。

## 不可想象的怪人

有一个怪人，头弯到肚脐下面，两个肩膀高过头顶，发髻朝天，五脏不正，腰夹在两股（大腿）中间。他的名字叫作支离疏。

支离疏替别人缝洗衣服，就可以养活自己。替人卜卦算命，可以养活十几个人。在乱世的时候，官吏到处拉人去当兵，支离疏大摇大摆地在路上走，没有人会要他。有时候，官府救济贫民，支离疏列入甲级贫户，可以领到不少的柴米。

像支离疏这种残废驼背的怪人，在乱世都能保全性命，何况那些有智慧的人呢?

【点评】

有智慧的人，不计较形貌的残缺和丑陋。残缺和丑陋也能免除许多的祸害。

## 楚狂人接舆

孔子周游天下，来到楚国。楚国的狂人接舆，见孔子到处碰壁，自身难保还在推行他的道德理想，便高声讽刺道：

凤呀！凤呀！你怎么这般的落拓！

天下有道，智者便出来化成天下。

天下无道，智者只能保全性命要紧。

算了吧！算了吧！这样的时代。

不要再用你的光明去显出人家的黑暗了。

荆刺啊荆刺，不要伤了我的脚。

我已经在拐弯走了。

【点评】

有智慧的人，出处进退，要看时机才好。

## 油把自己烧干了

树被拿来做斧头的柄，反过来砍伐它自己。

油脂被用来点火，结果把自己烧光了。

桂树可以吃，被人砍下来吃掉。

漆树可以防腐，被人用刀子割了。

世人都只知道“有用的用处”，却很少人知道“没有用的用处”。

【点评】

商鞅、吴起、苏秦、张仪都很聪明，但都不得好死。“聪明”有时候成为杀死自己的工具。

## 颜回心斋

卫国的国君很坏，做了许多伤天害理的事。

颜回向孔子请求，说：“请让我前去感化他吧！”

孔子说：“可以是可以，但是你存心去感化他，只怕反而很难感化他了。”颜回以为孔子不相信他的德行，有点不服气。孔子却又说道：“你先回去斋戒几天再说吧！”颜回说：“我穷得要死，从来就不喝酒、不吃荤，何必再回去斋戒？”孔子说：“那只是祭祀的斋戒，不是心理的斋戒。”

颜回说：“请问什么叫心理的斋戒？”孔子说：“先去忘了你的心智机巧，使你的心一片空明，这样才能感应一切。如果能做到这样，鬼神都能感应，何况是人呢？”

**【点评】**

颜回虽然道德很高，但是“自我”的意识太强，容易与人对立。“心斋”就是化去、除去自我，不为功，不为名，不为己，这样才能真正感化人。

## 饮冰的人

叶公子高将出使齐国。

他问孔子说：“我这次所负的使命很重，使我心里急得要命。我一直在想：事情如果不成，就会得罪国君；事情如果成了，我也会受内伤。结果成与不成，我都会受伤害，请问这要怎么办？”

孔子说："你现在感觉怎样？"子高说："我忧心如焚，一直想去吃冰解热。"

孔子说："你放下心来，听我说吧。天下有两个大法，不能逃避。一个叫作命。一个叫作义。"

"子女和父母的关系，叫作命。这个自然的结，是解不开的。臣子和君王的关系，叫作义，这个人为的结，是天地间避不开的。"

"所以，遇到命和义这两个大法，只有忘去自我的利害得失，按照实情去做，便可以了。"

**【点评】**

（一）办任何事，以自我的利害得失为重，内心便受蒙蔽。参见"颜回心斋"条。

（二）梁任公的《饮冰室文集》，典故出于此处。

# 德充符第五

## 跛脚驼背的怪人

有一个跛脚、驼背、缺唇的怪人，和卫灵公交游，灵公不久就很喜欢他。后来，灵公看了那些形体完好的人，反而觉得他们的脖子太细长了。

又有一个脖子上长着大瘤的人，和齐桓公交游，桓公很喜欢他，后来他看到那些形体完好的人，也觉得脖子太小了。

**【点评】**

（一）跛脚和巨瘤怪人，因为道德充实，使人感化，所以便忘了他的形貌丑恶。常人重外貌而忽道德，庄子说：这叫作“不忘其所忘，而忘其所不忘”。意思是说：人们都忘不了应该忘掉的形体，反而忘掉了不该忘掉的道德。这是大迷惑了。

（二）庄子的“道德”和儒家的“道德”不一样，请注意。庄子的道德是以自然为本位。儒家的道德是以人为本位。

## 人是无情的吗？

惠施问庄子：“人是无情的吗？”

庄子说：“是的。”

惠子说：“人是无情的，这是什么意思？人如果无情，还算是个人吗？”

庄子说：“我所谓的无情，不是说人没有感情。我是要世人不要用自己私人的好恶之情去养生。那是不合自然之情的。”

**【点评】**

人为的感情，有所爱，便有所不爱。这种爱，这种情，不能普及。所以这种情是会伤己伤人的。

自然之情，无爱，无不爱，所以能普及。能普及，就能长久了。

## 小猪不吃奶

有一群小猪，本来正在吃母猪的奶。忽然之间，母猪两眼翻白，死了，小猪便纷纷跑开，不再去吃奶了。

**【点评】**

母猪活着和死时，形体的外表并无什么不同，只是眼神完全不一样了。小猪爱它的母亲，是以精神上引为同类，而不是以形体引为同类的。

## 没有脚趾头的废人

鲁国有一个被砍去脚趾头的人，名叫叔山无趾。

有一天，他用脚跟走路来见孔子。孔子说：“你从前既然这样不自爱，被官府砍掉了脚趾头。今天就算你来见我，也已经太晚了。”

叔山说道：“我的脚趾虽然不见了，但我身上还有比脚趾头更宝贵的东西在呀！我来见你，就是想保全那些更宝贵的东西，而不是想补救我的脚趾头啊！”

孔子一听，立刻道歉说：“真是对不起，我刚才太鲁莽了。请你进门来指导指导我的门徒吧！”

无趾的叔山，不再说话，径自走了。

**【点评】**

叔山无趾是有德之人，所以孔子对他再也不敢怠慢。那么形体的残缺，当然也就不能决定那人是废人了。

## 孔子的知名度

叔山无趾去见老聃。

叔山说:“孔丘那样的人，恐怕不能算是至人吧！他教的学生那么多，名气那么大。难道他不知道至人是把知名度当做枷锁吗？”

老子说:“是呀！那你去帮他把枷锁解掉吧！”

叔山说:“他一心想救世。这大概是上天要刑罚他的吧。既是上天要罚他，我又怎样去帮他解脱呢？”

**【点评】**

（一）孔子并不是不知道，世俗给他的名望是一种累赘。但是他没有办法不把“名望”背在肩上，除非他放弃救世。这点庄周很了解他。因此庄子并非讽刺孔子是个虚伪好名之徒，我们不可误会。

（二）庄子也在救世，但他的方法和孔子不同。庄子在当时是寂寂无闻的。

## 申徒嘉责子产

申徒嘉是个受过刑罚，被斩去脚趾的人。他和郑国的宰相子产，一同师事伯昏无人。

有一天，子产对申徒嘉说：“我是宰相，你是刑余之人。你不可以和我一同出入，也不可以和我共坐一块席子上。”申徒嘉说：“我本来以为你是道德很高的人，所以才和你同出入，同坐一块席上，想不到你居然说这种话！”子产道：“你这个残废的人，不先反省自己的过失，竟来责备我，难道你还想和尧舜争善不成！”说完便走了。

第二天，申徒嘉对人说道：“一个人肯承认自己过失的，太少了。我从前误入刑网，到处受人取笑，所以我才来拜在我师父门下。十九年来，我完全忘了自己是个残废的人。我与子产原以道德为友，想不到他仍然斤斤计较我的形体。”

子产知道以后，大为惭愧，便向申徒嘉道歉说：“我错了，请不要再向别人这样说罢。”

**【点评】**

（一）一个人一生中，不可能没有过失。申徒嘉既然改过向善，子产便不应该以世俗的名位，去侮辱一个改过修道的人。何况，形体也不过是精神的旅舍而已，住久了，它也是会坏的。

（二）这是庄子编的故事，不要误以为历史上的子产便是这样的人。

# 大宗师第六

## 相忘于江湖

江湖的泉源干枯了，鱼儿都困处在地面上，很亲切地用口沫互相滋润着。这倒不如江湖水满的时候，大家悠游自在，不相照顾的好。

**【点评】**

（一）人间世上的“仁爱”，就像鱼儿用口沫相滋润一样。所以退一步想，当人需要用“仁爱”来互相救助的时候，这世界便已不好了。

（二）大自然的爱，是无量的爱，就像江湖中的水一样。

（三）人如果要师法自然的话，就必须了解人为的“博爱”，毕竟是有限的。

（四）所以，人应该相忘于自然，如同鱼儿相忘于江湖。

（五）本篇寓言，文字精彩优美，录之如下：

泉涸，鱼相与处于陆，相呴（xǔ）以湿，相濡以沫，不如相忘于江湖。

## 自然是大力士

自然像个大力士，它有无穷的力量在运转。

大自然赋给我形体，用生活来使我劳动，用岁月来使我年老安逸，用死亡来使我永远休息。

所以，如果我们以“获得生命的形体”（生）来自得的话，就必须以失去生命的形体（死）也能自得才好。

自然是变化不停的，凡是悦生而恶死的人，便是不通自然之理的缘故。这种人就好像是他把船藏在山里，把车藏在岛上，自以为非常稳固。半夜里来了一个巨人，把整座山都背走了。那个人还在梦中，以为自己藏的船仍在原地哩！

把生死交付自然，把天下藏在天下。这便是师法自然的大宗师。

**【点评】**

（一）自然是变化的，人必须顺应自然。这样才能不喜不惧，生死如一。

（二）人应该了解自然的变化，纳入变化之流才好。如果想以人力来对抗自然，那就好像用力想把自己举起来一样，那是白花气力的事。

## 四个知己

子祀、子舆、子犁和子来四人，有一次在一起说道："谁能把虚无当做头，把生当做脊椎，把死当做脊椎的尾骨？谁知道生、死、存、亡是同为一体？如果有这样的人，那我就和他做朋友。"四人说完便相视嘻嘻笑，一副臭味相投的样子。

过了几天，子舆忽然得一种"拘挛"的怪病，身体弯曲像是驼背的人。子祀前去探看他的病，一见面就说："真是伟大呀！造化把你弄成这副样子！"子舆心里也毫不在乎，他走到井边照自己的影子，也说道："真是伟大呀！造化把我弄成这副样子。"

子祀问子舆说："这副样子，你心中讨厌吗？"

子舆说："我哪里会呢？假如造化把我左膀子变做鸡，我就叫它替我报晓；假如造化把我的右膀子变成弹丸，我就用它打鸟，烤了吃。假如把我的脊椎尾骨变成车轮，把我的精神变做马，那我就乘坐着它走路，再不用其他的马车了。"

过了不久，子来也生病了。呼吸很急促，眼看就快死了。他的妻子抱着他哭泣。子犁前往问候，对子来的妻子说道："走开点，不要惊动他的变化。"说罢，靠着门对子来说道："伟大的造化，又要把你变做什么呢？要把你变做老鼠的肝呢？还是虫子的翅膀呢？”

子来说：“人都是自然所生的啊！所以，自然叫我们到哪里，我们就只好到哪里。大自然赋给我形体，活着的时候，要我勤劳，年老的时候，要我安逸；死的时候，要我休息。所以，如果我认为生是好的，那死也是好的啊！譬如铁匠在打铁的时候，他要把铁打成什么，便是什么。如果铁不肯顺从，自己跳起来说：‘我要变成宝剑，我要变成宝剑！’那么铁匠就会认为这块铁是不祥的了。现在我从造化得到人形，如果我就坚持对造化说：‘我永远要是个人形，我永远要是个人形！’那么造化必然认为我是不祥的了。所以，天地是一个大炉子，造化是个打铁匠，我死之后，变成什么不可以呢？我是在梦中得到了大觉悟哩！”

**【点评】**

这篇顺应自然变化，无我无心的故事，是典型的“自然主义”。我们应该注意的是：顺应自然的变化，是指“超越人为智慧”的一种醒觉状态中来顺应，而不是像临死前的昏迷无知那样的顺应。所以本篇是提示：你的心，不要被疾病所拖累，不要被疾病所昏迷。如果被拖累，被昏迷，那你就会忘了自然的变化，落入私人的好恶了。

## 方内和方外

子桑户、孟子反、子琴张三人结交为友，有一天他们在说道：“谁能相爱而忘了相爱？谁能相助而忘了相助？像自然互相关连，却出于无心那样。最后忘了死生，同游于无穷的宇宙天边。”三人相对微笑不已。

过了不久，子桑户死了，刚要下葬。孔子便派子贡去问候。只见孟子反和子琴张一个在编养蚕的蚕具，一个在弹琴。然后又见他们二人唱和，说什么：“子桑户呀子桑户，你已返璞归真，我们却还是人形哩！”

子贡问说：“你们在对着尸体唱歌，请问这合礼吗？”二人便相视而笑，反问说：“你知道什么叫作礼吗？”

子贡回去以后，问孔子说：“他们是些什么人呢？怎么完全不受礼教的规定，对着死去的朋友唱歌，既不悲哀，也不惭愧哩！”

孔子说：“他们是一些方外的人，我们是方内的人。他们超越世俗，我们在世俗里面。他们和造化做朋友。我们是和人做朋友。所以他们接受自然的变化，对死去的朋友不会悲哀。我们受人伦礼教的束缚，像受罪的人一样，所以要被他们嘲笑了。”

**【点评】**

（一）方外和方内是两个不同的次元。“方外”的次元是以大自然为本位，“方内”的次元是以人为本位来思考的。

（二）孔子不是不懂方外，只是对广大的人群有所不忍。所以他一辈子提倡礼教，为了维护社会的秩序而奔波。

## 人相忘于道术

子贡问孔子说：“夫子为什么要游于方内，接受礼教的束缚，像受刑的犯人一样。何不也在方外一游呢？”

孔子说：“要暂游方外也可以呀！”

子贡说：“请问有什么方法呢？”

孔子说：“鱼的生活，要得水才舒适。人的生活，要得道才舒适。得水才舒适的，只要池塘的水满了，就可以了。得道才舒适的，只要得了自然的道，安定性情，也就可以了。所以说：鱼在江湖，只要水满了，鱼便自由自在，忘记自己在水里。人在自然，只要得了道，快乐自足，便忘了道的存在。”

**【点评】**

人心装满了各种知识，就像被各种知识隔成一间间的小房子那样，那就不自在了。所以要打通知识，要依赖而不依赖知识（即超越知识），“心”的灵活最要紧，像镜子那样，万象来者不迎，去者不送自然映照就是了。能够这样，方内、方外也就没有什么间隔差别了。

## 君子和小人

孔子说："人之君子，天之小人。"

在社会上遵守礼教的人，被称为君子。但是他们遵守礼教，他的心性，往往也被礼教束缚住了。所以，这在自然的无拘无束、自由自在的观照之下，反而是个"小人"了。

**【点评】**

这句"人之君子，天之小人"的启示，很要紧。这说明人为的标准所划分的"君子"、"小人"，只是自然的泡沫而已。以泡沫为泡沫，认为泡沫一成不变，犹如上人定的"君子"为"君子"，一成不变，那是自迷心性了。

## 孟孙才哭泣不动心

颜回问孔子说："从前我听老师说，办理丧事，心中要真正悲哀，才算合礼。但是孟孙才办理丧事，只是表面哭了一哭，心中一点也不悲哀。他在鲁国，却以善处丧事而闻名。请问这是什么道理？"

孔子说："孟孙氏可以说是明白大道的人了。他的做法，比起世俗处理丧礼的人确实要高明。世人都以自己的私情好恶，损害自然的真相。像死亡，虽是形体上骇人的巨变，但孟孙氏心中很清楚，那只是人的精神搬了一个新的住宅一般。所以他办丧事，人哭亦哭，随顺世俗而已，不以此累及真我。能这样顺应变化，便达到了清虚纯一的境界。”

**【点评】**

从自然变化的观点，把死亡看作巨大的悲哀，是错误的。孟孙破除执迷，把人的形体当做一种“偶然的变化成形，偶然的变化消失”，所以他不会悲哀。世俗之人却执迷不悟，为它哭泣，为它喜悦，自以为明理，实则是在大梦中而已。

## 自然的生灭

意而子问许由说：“先生在山林好吗？”

许由说：“你来这里做什么？你不是和尧在一起吗？这许多年，尧教给你什么呢？”

意而子说：“尧教我要力行仁义，要明辨是非呀！”

许由说：“那么尧已经在你的脸上刺字，用仁义伤害了你的脸，用是非割了你的鼻子，难道你不自觉吗？这样你还想来到自然的路上自在逍遥吗？”

意而子说：“先生指导我吧！让我游在大道的边境上好吗？”

许由说："眼睛坏了，怎么看得见颜色呢？"

意而子说："无庄得了大道，忘了自己的美貌。据梁得了大道，忘了自己是力士。黄帝得了大道，忘了自己的智慧，这些都是锤炼的功夫罢了！谁知道造化不是用刺伤我的脸、割去我的鼻子，来使我休息补过的呢？"

许由说："啊！自然，你这大宗师啊！秋霜凋残万物，不是有心制裁！春雨生养万物，不是为了仁慈。你雕刻万物种种的形状，不是有心显示你的机巧。意而子，你想在自然的大道上散步，就这样子随我来吧！"

**【点评】**

自然的变化，纯是无心的作为，老子称作"无为"。春雨秋霜，不是有心为生灭。自然的生生灭灭，实则不生不灭，不增不减。

## 颜回坐忘

颜回说："我有进步了。"

孔子说："什么进步？"

颜回说："我忘去礼乐了！"

孔子说："很好，但是还不够！"

过了几天，颜回又见孔子，说："我又进步了！"

孔子说："什么进步？"

颜回说："我忘掉仁义了！"

孔子说："很好，但是还不够！"

过了几天，颜回又来见孔子，说："我又进步了！"

孔子说："怎么进步法？"

颜回说："我坐忘——当下忘我了。"

孔子吃惊地说道："什么叫坐忘呢？"

颜回说："不用耳目的聪明。忘去形体，忘去心智，使心中空明，万象生灭，任他去来。这叫坐忘。"

孔子说："很好，让我也来向你学习吧！"

**【点评】**

修大自然之道，第一步是忘礼乐，第二步是忘仁义，第三步是忘自我。"万象生灭，任他去来"，这话很要紧。

## 子桑唱贫穷之歌

子舆、子桑是好朋友。

有一次，天上接连下了几十天的雨，子舆知道子桑贫穷，大雨绵绵，他一定没地方去谋食，于是带了饭包去看子桑。

刚到子桑门口，就听见子桑像在唱歌，又像在哭泣。只听他唱说："父亲吗？母亲吗？天啊！人啊！"

子舆听他的声音都变了。声音微弱而急促。子舆走了进去，问道："今天怎么啦？"

子桑道："我病了。这几天，我一直在想：究竟是谁使我这般穷困？是父母吗？是天地吗？我想不出来。父母对我没有私心，天地对我更没有私心，那么我的贫困，必然是命吧！"

**【点评】**

人所无法选择的遭遇，叫作命。譬如：你生下来是个王子，还是乞丐？你生下来是一只脚，还是两只脚？这是人力无法决定的。明白了这个道理，修道的人，就必须安命，以道为友。

# 应帝王第七

## 没有累赘的帝王

啮缺问王倪，问了四次，王倪每次都说：“我怎么知道呢？”啮缺领悟到“不知道”的妙处以后，高兴得跳起来，去告诉了蒲衣子。

蒲衣子说：“你现在才知道‘不知道’的妙处吗？这就是虞舜不及伏羲氏的道理。”

虞舜胸中藏着仁义，使人民归化，但他却不能超越仁义之外，心中被外物所累。

伏羲氏睡觉的时候很放松，醒来的时候很自足。他的智慧天真而不做作；他的德行，自然而不虚伪。他为人家做事，就像一匹马、一头牛一样，浑同自然，所以没有累赘。

**【点评】**

（一）从“无知”到“有知”，是从“没有人为的标准”到

“有人为的标准”。那么，从“混沌”到“仁义”也是一样的道理。

（二）本篇只是一个比喻。庄子所要到达的“无知”是超越知识的“无知”，不是愚蠢茫昧的“无知”。庄子所要求的“混沌”也是同样之理。所以庄子不是“反智论”。

（三）不要从历史的事实上去认定：“伏羲氏高于虞舜”，这样容易误会。

## 海中凿河

肩吾去见狂接舆。狂接舆问说：“日中始对你说了些什么？”

肩吾说：“他告诉我：人君要用自己制定的法度仪轨，去治理天下，人民才会归顺感化。”

狂接舆说：“那是假理而不是真理。那样治天下，就像在海中凿河，或是叫蚊子背山一样，是不会成功的。”

**【点评】**

（一）人为的法理只是“暂时的”使用，或过渡阶段的使用。如果要达到太平的理想，必须使用自然的法理，才是大道。

（二）但是，在一个社会的水平还不够高的时候，使用“自然的法理”去治理也是行不通的。

## 什么叫作明王？

阳子居去见老子。问说：“如有一个人敏捷有力，疏通明达，学道不倦，这人可以和明王相近吗？”

老子说：“这种人就和衙役有了才能供人使唤，有了技艺便被技艺牵累一样。徒然劳动自己的形体，搅乱自己的精神而已，离开明王是愈来愈远了。”

老子又说：“虎豹因为身上有纹彩，被人捉去。猿猴也因为身子矫捷，被人猎捕。你说它们是真正有智慧吗？”

阳子居听了，脸上变色，说道：“那请问明王究竟是怎样？”

老子说：“明王治天下，不自以为有功；泽及万物，百姓不觉。这样神化莫测，才能算是明王。”

**【点评】**

阳子居就是杨朱。本篇说明：任用人的智慧和力气，自以为能，那是很渺小的。绝对不能做一个真正的明王。

## 神巫不敢再相命

郑国有个极灵验的巫，名叫季咸。他替人算命，推出人的祸福存亡，日期准确，效应如神。因此，郑国人看到他就跑，惟恐他说出不吉祥的话来。

列子听说季咸相命这样准确，心中大为佩服，便回去对他的老师壶子说："本来我以为老师的道术是最高的，现在我才知道还有更高的人哩！"

壶子说："你的道行还浅得很，居然就下山想和人家对抗。你一定有心争胜，露了形迹，所以人家就乘隙把你窥测了。不信的话，你叫他来替我相面。"

第二天，列子带了季咸来，替壶子相面。季咸看了以后，出来对列子说："奇怪了！你的老师就要死了，活不成了。不到十天必死无疑。我刚才看到的是一团死灰。"

列子听了，哭得很伤心，进去告诉了壶子。

壶子说："不要哭了。刚才我是故意闭塞了生机，显出阴冷的土相让他看看。所以他认为我快要死了。明天你叫他再来看相。"

第二天季咸又来看相，看了以后，出去对列子说："这下好了。幸亏你的老师碰到我，有救了。我看出他的生机有了变化。"

列子进去告诉了壶子。

壶子说："刚才我从脚后跟发出一股生机，使他感受到自然的和气，因此他认为我有了一线生机。明天再叫他来看相。"

第三天季咸又来看相。季咸看了，出去对列子说："今天他的气色，阴晴不定。不像前天的阴冷，又不像昨天的暖和，我便不能判定了。等他气色稳定了，我再来替他相相看吧。"

列子又进去告诉了壶子。

壶子说："刚才我显示给他的相叫作'太冲莫朕'，就是我发动气机，冷暖变成浑然一气，所以无迹可寻。这就像深渊所出现水面的回旋纹有九种，我只是拿出三种回旋纹给他看看而已，但他已经看不出苗头了。明天再叫他来看看。"

第四天，季咸又来看相。刚一进门，脚跟还没有站好，他就掉头便跑。壶子说："别让他跑了，把他追回来。"于是，列子拔脚便追，追了一阵子，季咸却一溜烟似的，跑得无影无踪了。

列子回来对壶子说："他跑得比什么都快，一下子就不见了，我追不到。"

壶子说："刚才我给他看的是一片空白的境界。不知道是谁使我动，不知道是谁使我静，就像行云流水，变化无方，所以他一看，便吓跑了。"

于是列子才知道壶子的道行，深妙不可测。然后列子回到家里，替太太烧饭，亲自喂猪，三年都不出门。

**【点评】**

（一）道行高的人，变化无方。自以为有神通的巫，终于知道自己的渺小了。世俗以季咸为神巫，那是离大道更远了。

（二）世俗常崇拜神道，其实神道只是大道之末。"神巫"碰到壶子，一点也不"神"，弄得落荒而逃，可见"神巫"的方术，不过是大道之末，大道之花而已。

## 浑沌死了

南海的帝王叫作儵。北海的帝王叫作忽。中央的帝王叫作浑沌（也作混沌）。

儵和忽常常跑到浑沌住的地方去玩，浑沌对他们很和善。于是儵和忽为了报答浑沌的恩惠，有一天他们便商量说："人都有七窍，用来看、听、饮食和呼吸。浑沌却一个窍也没有，真是可怜。让我们替他开七个窍吧！"

儵和忽每天替浑沌开一个窍。七天以后，浑沌就死了。

**【点评】**

（一）浑沌之为浑沌，就是没有七窍：有了七窍，就不叫浑沌了。

（二）本篇比喻人为的智巧、机巧，会损害自然的本性。所以人的智慧必须和自然合而为一，才是真智慧。科学家的实验，不能违背自然，便也显示这个道理。

佛家不称"智慧"而称作"般若"（bō rě），也是这个道理。般若即"妙智慧"，把智慧加一"妙"字，以示其智慧不同于人为的智慧。

# 骈拇第八

## 第六只手指

有的人天生下来就有六个脚趾。有的人天生下来就有六个手指。

有六个脚趾，或有六个手指，只要是天生的，便是自然的。

但是，如果有人想要六个脚趾，或六个手指，那便是过多的要求了。

**【点评】**

自然所生下来的“第六只手指”，无所谓多，也无所谓少。但有心去要求“第六只手指”，便是贪多。贪多便不合自然了。

## 大道的歧路

人的眼睛，能看见自然种种的颜色。离朱却去创造种种的文采，扰乱了眼睛的视觉。

人的耳朵，能听见种种自然的声音，师旷却用金石丝竹种种的乐器，创造各种的声音，扰乱了耳朵的听觉。

人的五脏，能产生种种的感情，曾参、史鳍却去提倡仁义，刺激五脏，产生更多的感情，扰乱自然。

人的嘴巴，能发种种的声音，杨朱、黑翟却喜欢辩论，发出种种的声音，扰乱大道。

**【点评】**

人为的文采、乐声、仁义、辩论，对大道来说，是多余的，就像第六只手指。所以，不要以为你的眼睛能分辨更多的文采、你的耳朵能分辨更多的声音、你的内心能产生更多的仁义、你的嘴巴能驳倒更多的人，便认为是“高明”。真正的高明是要超越这种境界才好。

## 鸭脚太短吗？

自然的长，不算太长。自然的短，不算太短。

鸭子的脚，虽然很短，你不能去把它接长。接长了，它就难过了。

鹤的脚，虽然很长，你不能把它切短。切短了，它就悲哀了。

因为：鸭子脚短而脖子长，鹤则脚长而脖子短，相互为用。

【点评】

所谓长，所谓短，不要用人为的标准去划分它。你多注意自然的功用，那么：长的不是长，短的也不是短了。鸭、鹤的比喻，一目了然。仁义伤五脏，其理类推可知。

## 牧羊人走丢了羊

臧和谷二人去牧羊，二人都丢了羊。

有人问臧说："你为什么会丢了羊？"

臧说："我在草地上看书，羊就走失了。"

有人问谷说："你为什么会丢了羊？"

谷说："我在草地上和人赌博，羊就走失了。"

臧和谷二人，所做的事不同，但是丢掉羊是一样的。

在世俗上，小人为了利而丢掉性命；读书人为了名而丢掉性命；大夫为了保全他的家族而丢掉性命；圣人为了保全天下而丢掉性命。他们的事业不同，名称各异，但追究起来，伤害性命却是一样的。

**【点评】**

不管使用什么理由，不管假借什么名号，违背自然的法理，伤害性命，都是大迷惑。

## 伯夷和盗跖

伯夷为了清廉，死在首阳山。盗跖（zhí）为了贪利，死在东陵山。二人死的原因不同，伤身伤性是一样的。

世人用什么标准来说伯夷对，盗跖不对呢？如果从伤身损性来看，伯夷就是盗跖，君子就是小人了。

所以，自然的大法，不可违逆，这是最要紧的。为了适从仁义而违背自然，虽有曾参、史鳍的修养，我也不敢称之为善。为了分辨五音，而违背自然，虽有师旷的修养，我也不敢称之为聪。为了适从色彩的分辨，而违背自然，虽有离朱的修养，我也不敢称之为明。

**【点评】**

能听见自然的声音，叫作聪。能看见自然的色彩，叫作明。顺着自然的性情，自足快乐，不假仁义，叫作善。

# 马蹄第九

## 伯乐的罪过

马蹄可以践踏霜雪，马毛可以抵御风寒。它吃草饮水，举起脚就能跳得很高。这就是自然赋给马的本性。如果你给它筑个高台或华屋，对它是没什么用的。

但是，自从有了伯乐以后，伯乐说："我最善于训练马。"于是挑选了一些所谓的良马，用烧红的铁来整治马蹄，在马的身上烙上铁印，用剪刀修理马的毛。这样一来，马已死掉十之二三了。然后为了训练马的耐力，用饥、渴来磨炼它。为了调整马的速度，便时快时慢来控制它，有时用辔头来拉扯，有时以鞭子来催促。马受了这些折磨以后，又关在马槽里，失去了自由，马就死去一大半了。

【点评】

（一）从自然主义的观点看来，伯乐整治马，便是一种人为的罪过。

（二）庄子的自然主义，是要把人从“无知”，带到“有知”，再带到“超越知”的第三层境界。伯乐治马，在庄子看来，便像“圣人治人”那样，只是到达第二层境界而已。所以庄子笑伯乐，也笑儒家的圣人。

# 胠箧第十

## 防盗术

世俗之人，为了防备小偷，把珠宝锁在箱子里，把金块密密地缝在袋子里，自以为是最聪明的防盗术。

有个夜晚，来了一个大盗，把珠宝箱和钱袋背了就跑。一路上，那个大盗还惟恐那箱子锁得不牢，袋子缝得不密哩！

这样看来，世俗所谓的防盗术，究竟是聪明，还是愚蠢呢？

**【点评】**

（一）本篇篇名“胠箧”（qū qiè）是开箱子的意思。

（二）世俗的小聪明，往往引来祸害而不自知。

## 田成子盗齐国

齐国四境有二千多里，它建立宗庙社稷和治理乡村的法制，都是师法圣人的遗规。

有一天，田成子盗了齐国的王位，也盗了圣人的法制来保护他的王位。结果齐国人都知道田成子是大盗，别国的人也知道田成子是大盗，但没有人敢杀他。

田成子利用圣人的法制，使他世世代代占有齐国，一共传了十二代。

这样看来，世俗所谓圣人的法制，是不是刚好也替大盗当保镖呢?

**【点评】**

毒药能杀人，也能救人。聪明能保护自己，也能害自己。法制被善人利用，就保护好人；法制被坏人利用，就保护坏人。庄子是提醒我们不要观察得太浅。不要以为：聪明一定是好的，圣人一定是对的。

## 盗亦有道

盗跖是古代的大盗。

有一天，盗跖的手下问他说："盗也有道吗？"盗跖说："怎么没有？做大盗的人，能预先猜出房子里的财物在哪里，叫作圣。偷东西的时候，一马当先，叫作勇。偷完以后，最后才出来，叫作义。判断情况能不能下手，叫作智。把偷来的东西分得很公平，叫作仁。如果不能具备这五种道德，而想成为一个大盗，天下是没有的。"

这样看来，善人得不到圣人之道，便不能称其为善人。坏人得不到圣人之道，也不能称其为坏人。但天下毕竟善人少而坏人多，那么圣人对于天下也就害多利少了。

**【点评】**

（一）庄子生活在乱世，强凌弱、众暴寡，他看得太多了。所以才会感叹那时世上坏人多，善人少。

（二）庄子假借盗跖的话，提醒世人：道德往往也会被坏人拿去做护身符。坏人如果不假借圣人的道德，可能还成不了大坏蛋——大盗。

（三）老子说："圣人不死，大盗不止。"便是这个意思。想修大智慧的人，不可不知，不可不辨。

## 赵国的美酒

有一次，楚王大会天下诸侯。鲁国和赵国都献上酒。

鲁国的酒味淡薄，赵国的酒味特别香醇，于是楚国管酒的酒吏就向赵国要酒，赵国不给。

楚国的酒吏生气了，就暗中动了手脚，把鲁国和赵国献上的酒对调。

楚王回国以后，认为赵王故意献上劣酒，就出兵围住了赵的都城邯郸。

**【点评】**

美酒可以讨好人，也可能惹祸。赵国的美酒，引起楚国酒吏的垂涎，这就叫“漫藏诲盗”。

## 诸侯大盗

河水干了，溪谷就空虚了。丘陵倒了，深渊就填平了。圣人死了，大盗就没有了。这样天下也就太平了。

但是，世俗总是崇拜圣人，想借圣人的力量来平治天下，结果却给盗跖提供了最大的买卖。

世人制造量多少的斗斛，大盗却连斗斛都偷了。世人制造了称多少的秤子，大盗却连秤子都偷了。世人制造验证信用多少的印章，大盗却连印章都偷了。圣人制造规范道德多少的仁义来矫正罪恶，大盗却连仁义都偷了。

你没看见世上偷人家钱财的“小偷”，都被杀掉。偷人国家的“大盗”却被封为诸侯吗？

大盗变成了诸侯，那大盗的家里就连仁义、斗斛、秤子、印章，统统都有了。做大盗既然是这样的大发利市，所以用高官厚禄的赏赐，也不能劝阻；用严刑峻法的恐吓，也不能禁止。这都是圣人的过失了。

所以，鱼不能脱离深渊，国家的利器不可给人看见。圣人便是国家的利器，他是不可以让人看见的。

**【点评】**

（一）庄子的自然主义不是“反智论”——反对智能、反对知识。好好读本篇故事，便可明白。

（二）鱼不能没有水，人不能没有智慧。但鱼要深藏水里，不可跃出水面；人要隐藏智慧，不可耀其光芒。

（三）圣人要大巧若拙，诸侯门里就不会有大盗的化身存在了。

## 智慧的陷阱

射鸟的弓箭，捕鸟的罗网，花样愈多，天空的鸟就只好乱飞了。

钓鱼的钩子，捕鱼的鱼篓，花样多了，水里的鱼就只有乱窜了。

捕捉野兽的陷阱、翻车、网络，花样多了，森林沼泽的野兽也就只好乱跑了。

人的智巧愈多，欺诈、狡猾、诡辩、种种花样都来了，人世间也就只好大乱了。人类好用智巧，使得天下大乱，从三代以来就是这样了。今天（战国时代）世乱已到极点，这智慧的陷阱，难道世人还不愿好好反省吗?

**【点评】**

（一）从人文主义的立场来看，智慧使人类从野蛮走向文明，也使文明社会产生无数的罪恶，那么智慧要如何使用，值得人类自省。

（二）庄子说:“擢乱六律，铄绝竽瑟，塞瞽旷之耳，而天下始人含其聪矣；灭文章，散五采，胶离朱之目，而天下始人含其明矣。毁绝钩绳而弃规矩，攦（lì）工倕之指，而天下始人有其巧矣。故曰：大巧若拙。削曾、史之行，钳杨、墨之口，攘弃仁义，而天下之德始玄同矣。”这是说有智慧的人，智慧不可外露。有智慧的人，要超越智慧才行。

# 在宥第十一

## 黄帝问道广成子

黄帝在位十九年，教化大行于天下。这时候，他听说广成子已得大道，住在空同山上，便亲自上山向广成子问道。

黄帝问说：“夫子已得大道，请问大道的精气是什么？我想用天地的精气，帮助五谷成熟，以养活百姓。而且我想调和阴阳二气，帮助百姓保养性情，使他们生活自在，无忧无虑！”

广成子说：“你想知道大道的精气，这是可以的。但你想利用这精气助长万物群生，那反而是摧残他们了。你看自你治理天下以后，天上的云气还没有聚集，就下雨了。地上的草木，还没有枯黄就凋谢了。日月的光明，也渐渐地昏暗下来。你这样做错了，难道还不知道反省吗？这像简陋的心智，岂能了解大道的境界。”

黄帝听了，心如死灰。立刻退位，抛了天下，自己到荒野盖了一间单独居住的房子，铺上白茅来休息。这样清清静静地住了三个月，才敢再去求见广成子。

广成子在空同山上，面向南方卧在地上休息。黄帝见了，一步一拜，向广成子再度请问大道。

黄帝问："我要怎样修身，才能长久？"

广成子坐了起来，答道："这次你来，问得很好。我告诉你吧！大道一片混沌，不明也不暗。你不要用眼睛去看，不要用耳朵去听，不要用心去想。劳动形体，摇荡心神，便不好了。形神抱元合一，无知无我，你就可以游于变化无穷的太虚旷野，这样与自然合而为一，便可长久了。"

**【点评】**

用人的智力去改变人世，在庄子看来，只是揠苗助长而已。所以，人类要多研究自然的道理超越人的智力，顺应自然之道，人世才会安宁。

## 自然的友伴

师法大自然智慧的至人，他的教化，像形体和影子，声音和回声的关系一样。有问必有答。有感必有应。

因为，他的形体和自然合一。他停止的时候，没有声音。他行动的时候，没有痕迹。所以他可以把迷乱的世人，带回自然的大道。

认为有自我的形体的，是三代以下的君子。

认为没有自我的形体的，才是自然的友伴。

【点评】

无私无我，才合乎自然之道。因为，人的形体只是自然变化中的一种形式而已。如果执为己有，那便是私心的作用了。

# 天地第十二

## 黄帝遗失玄珠

黄帝来到赤水之北，登上昆仑山去游玩。

当他下山南望要回来的时候，在路上遗失了玄珠。

黄帝叫“智慧”去找，找不到。叫离朱用“眼睛”去找，也找不到。又叫“声闻”去找，也找不到。最后叫“无象”去找，才找到了。

黄帝说道：“奇妙啊！无象才能看到玄珠啊！”

**【点评】**

（一）黄帝登昆仑游玩，是比喻他已得道，游于大道之境。昆仑在北，北方称作玄冥。所以黄帝得的道便叫作玄珠。

（二）黄帝离开昆仑而失去玄珠，是比喻他失去了道。

（三）道不能用心智、眼睛、耳朵去获得。要无心无象才能获得，所以最后用无象找回了玄珠。

（四）离朱是古代目力最好的人。

## 灌园的老人

子贡南游楚国，在汉水南边，看见一个老人正在种菜。子贡便好奇地停了下来。

那个老人在井底开了一条地道，抱着水缸走到井底去装水，然后再走上来灌溉菜园子。

子贡见了，说道："老丈人，你这样溉园太花力气了。为什么不使用机械呢？"

老人说："用什么机械？"

子贡说："用一种叫作桔槔（gāo）的，就可以抽水灌溉了，方便得很。"

老人说："我不是不知道使用机械。但是使用机械的人，必有机心。人有机心，心就摇荡不定。心一摇荡不定，就照不见大道了。"

子贡听了，非常惭愧。回去之后，便问孔子说："那种菜的老人，究竟是什么样的人呢？他的用心好像很奇怪呀！"

孔子说："那是一种修混沌之术的人，你我还不足以了解他们哩！"

【点评】

机械是人使用智巧发明的。使用机械，便是使用智巧。使用智巧，心就不得安宁了。老人是修道的人，所以不愿使用机械，扰乱心神。

## 栅栏中的虎豹

一棵百年的老树，被人砍了下来。把较好的部分拿来做祭祀的酒杯，上刻花纹，漆以文彩。那弯曲无用的部分，就拿去抛弃在山沟里了。

树木被用来做酒杯，或被抛弃在山沟里，表面上好像有“好”和“坏”的差别，其实就伤害它自然的本性来说，是完全一样的。

世俗的人，不明此理。用皮帽、长裙、大带捆绑自己的外形。用种种的知识、声音、颜色、味道来分隔他的内心，使他的心像栅栏一样。如果说这样捆绑心智和形体，叫作有用，而洋洋自得的话，那么罪人被关在牢房里，虎豹被关在栅栏里，他们也都应该以牢房、栅栏来洋洋自得了。

【点评】

（一）百年老树，生长在野外，任风吹雨打好呢？还是被人砍下来，做祭祀的酒杯好呢？

（二）人的形体和心智，像个老虎被拘困在动物园中那样好呢？还是无拘无束好呢？

（三）天地广大，心却用小聪明把自己绑死了！那为什么不用大智慧解除心神的束缚，悠游白云之上，和天地精神相往来呢？

# 天道第十三

## 击鼓追逃犯

孔子西行，想把他的著书藏在周室的图书馆。

子路对孔子说：“周室图书馆的馆长叫老聃 (dān)。他掌管藏书的经验很丰富。现在他已辞职不做，回家隐居了。如果老师要把著作藏起来的话，何不藏在老聃家里呢？”孔子说：“好。”就去见老聃。

孔子见了老聃，便说明来意，希望老聃能答应。但是，老聃一口回绝了。

孔子还不死心，就把自己所写的十二部经书向老聃解说，老聃只听了一半，就说：“太啰嗦。请简要说明吧。”

孔子说：“这十二部经的要旨就是在说明仁义。”

老聃说：“请问仁义是人的本性吗？”

孔子说：“是啊！人没有仁义，还能成为人吗？”

老聃说：“请问你所谓的仁义是什么意思？”

孔子说：“我所谓的仁义，就是指兼爱无私。”

老聃说：“你错了。你看天地自有常轨，日月自有光明，星辰自有秩序，禽兽树木自能生存。人呢，你怕天地不会爱护他吗？像你这样高倡仁义，要大家兼爱无私，就好比是看见犯人逃狱，便击鼓追逐想唤他回来。但是，结果呢？你的鼓声敲得愈响，犯人跑得愈快，一下子就消失得无影无踪了。”

**【点评】**

（一）有爱，就有所不爱。人为的爱，不管怎样广博，都是无法普及万物的。所以老聃警告孔子说：你提倡的无私，仍然是偏私。

（二）庄子是自然主义者，所以要人超越仁义。孔子是人本主义者，所以要人遵守仁义。

## 把圣人当牛马

士成绮去见老子。

他对老子说：“我听说你是有大智慧的圣人，所以不辞千里来见你。但是，见到你以后，使我大失所望。我好像来到一个老鼠洞里，看到满地散弃的蔬菜，一点都不受爱惜。”老子听了，表情漠然，没有什么反应。

士成绮走了以后，心里愈来愈奇怪。他原以为把老子讽刺了一顿，回去就有胜利的优越感。但是他回去了，心中反而一片空虚。

第二天，士成绮又来见老子，问道："我昨天把你骂了一顿，我以为是胜利了，但心情却很空虚，请问这是什么缘故？"

老子说："什么圣人不圣人，这种名号，我早就像破鞋子一样把它扔掉了。我如果有获得大道的实质，你叫我是牛、是马、是老鼠，又有什么关系？"

士成绮一听，知道老子非同小可，便赶快闪在一边，不敢再正视老子。然后他很谦虚地问道："我错了！请问我要怎样改变自己？"

老子说："你昨天来的时候，神态高傲，眼神像要和人打架的样子。这就像边境上的野马，突然被人捉到，便心气浮动，完全失去了本性。失去本性的人，就叫作自然的贼。你如果要修道的话，就请恢复自然的本性吧。"

**【点评】**

（一）大智慧的人，不会露出他的智慧。

（二）士成绮见老子不露智慧，以为老子徒有虚名，便破口大骂。骂完以后，发觉不对，又再向老子请教。这可见士成绮虽然气血浮动，迷失了本性，但至少他是坦率不欺。所以，老子认为他可以造就，便告诉他修道的法门。

## 做车轮的老人

桓公有一次在堂上读书，轮扁（做车轮的木匠，名叫作扁）正在堂前做车轮。

轮扁放下了锥子和凿子，问桓公道：“请问你读的是什么书呢？”

桓公说：“我读的是圣人的经典呀！”

轮扁说：“那作书的圣人还在吗？”

桓公说：“早就死了！”

轮扁就叹息道：“那你所读的书，不过是古人的糟粕而已。”

桓公大怒道：“你说什么？你讲个道理给我听听。如果你胡说八道，我就把你处死！”

轮扁说：“暂请息怒，听我说吧。我是做车轮的人，就请让我用做车轮的事来比喻。做车轮的时候，刀子下得快，就省力气，但是做的车轮不圆。刀子下得慢，就很费力气，但车轮削得比较圆。做车轮最好的技术是：下刀的时候不快不慢，得心应手。但这不快不慢，得心应手的功夫，我却不能传给我的儿子。所以，我现在七十岁了，还在做车轮。这样看来，古代圣人所得的大道不能传下来，不是很明显的吗？那么你所读的书，不是古人的糟粕吗？”

**【点评】**

（一）这故事非常精彩，值得好好思考。

（二）工匠只能教你方圆规矩，不能把他身上的造诣传给你。教拳剑的师父，只能把招式传给你，不能把他的功夫传给你。

（三）读书的人，常以为书本上的文字很可贵，其实言外之意才可贵。会背书的人，不一定会读书，便是这个道理。

（四）追求大道的人，如果以为形色声名就是大道，那是最可悲的了。

# 天运第十四

## 虎狼也有爱

商太宰荡问庄子："什么叫作仁？"

庄子说："虎狼就有仁。"

太宰荡说："你这话怎么讲呢？"

庄子说："虎狼父子相亲相爱，这不就是有仁吗？"

太宰荡说："那样的仁太浅了。请问至仁到底是怎样？"

庄子说："至仁无亲。"

太宰荡说："我听说不亲就不爱，不爱就不孝啊！如果照你这样说，至仁就是不孝，是吗？"

庄子说："不是这样的。至仁的境界很高，孝的境界达不到。好比冥山是在遥远的北方，郢是在南方。如果你站在郢地望着北方，冥山是望不到的。所以，用爱心去行孝，很容易。使双亲顺适而忘掉你的爱心，就难些。如果用自然的爱心，不亲不疏，使天下的人都很舒适而忘掉人与人之间的爱，那就更难了。"

庄子又说："用孝悌仁义，忠信贞廉，来使人相亲相爱，这不是最高的境界。那就像湖水干了，鱼互相吐着口沫来相亲相爱一样。不如江湖水满的时候，鱼儿在水里悠游自在，互不相干的好。所以，人要到达至仁的境界，就要超越世俗的孝悌仁义，以及忠信贞廉才行。"

庄子又说："最尊贵的人，不要爵位。最富有的人，不要金钱。最快乐的人，不要名誉。这才是最高的道。"

**【点评】**

（一）这篇问答式的故事，层次分明，非常好。

（二）庄子解除世人的疑惑，从世俗的孝，谈到较高层次的孝。从世俗的仁，谈到最高层次的仁——不亲不疏，这层境界，无所谓孝不孝，无所谓仁不仁，这是庄子要旨。

（三）鱼不能没有水。水对鱼来说，也无所谓亲，也无所谓仁。亲而不亲，仁而不仁。多想想这个比喻，便能明白庄子去仁去孝（去世俗之仁、世俗之孝）之道理。

## 东施效颦

孔子要从鲁国到卫国去。

颜渊问鲁国的太师说："你认为夫子的做法行吗？"

太师说："哎呀！我看老夫子的做法，恐怕行不通吧！"

颜渊说："为什么呢？"

太师说："祭祀用过的刍狗（草扎的狗），就不能再用，用过之后，就抛在路边，任人践踏，或拿去当柴烧。如果有人把它捡回去，当做珍宝，放在枕边，那人就要做恶梦了。现在夫子所谈的一套，就好比是先王用过的刍狗啊！他拿这刍狗每天在人家面前搬演，哪里行得通呢？所以，他从前到宋国，宋人讨厌他，就把他讲道休息过的大树都砍掉了。他到陈蔡之间，人家讨厌他，不给他饭吃，七天没有生火烧饭。这些都是生死之间的危险啊！"

太师又说："三皇五帝，时代不同，礼法也就不同。礼义法制要变通才行啊！西施是美女，她生病的时候，捧着心，蹙着眉，还是很好看。她邻居的一个丑妇，看西施捧心蹙眉很美，也模仿她捧心蹙眉。人家见了，都跑得远远的，不想看她。夫子对人有爱心，但是可惜不知变通，恐怕要穷困一辈子了。"

**【点评】**

（一）这故事当然不完全是事实。孔子行道遇难，在宋、陈、蔡所发生的事，见于《史记》。但庄子说他不知变通，只是借此提醒救世的人，要因应世变，不可一意孤行而已。

（二）社会的仁义水平太低，迷惑的人太多，孔子便也不能行其道。庄子的理想更高，用来救世，也同样困难重重。

## 海鸥和乌鸦

孔子拜见老聃，讨论仁义。

老聃说：“海鸥不是天天洗澡才白的。乌鸦不是天天染黑才黑的。黑白都出于自然的本质。所以你不能说：白的好看，黑的不好看。你用仁义去分辨善恶，在懂得大道的人看来，你所犯的错误，和这道理一样。”

**【点评】**

老子的仁义，是超越世俗仁义的更高境界。参看本篇“虎狼也有爱”的解说。

## 鸟虫的风化

孔子对老聃说：“我研究《诗》、《书》、《礼》、《易》、《春秋》，自以为已经精通了。但是我拿这些道理去干谒七十二国的国君，没有人要采用。难道这世上真的是人心难测，真理难明吗？”

老聃说：“脚迹，不是鞋子啊！你所说的六经，只是先王的脚迹，怎么可以当做大道的根源呢？你这样去追求大道，哪里能得道呢？你看，有一种鸟叫作白鶂（yì，同鹢），只要雌雄对着看一下，眼珠都不动，雌鸟就受孕了。还有一种虫子，雄的在上风叫，雌的在下风应，雌的虫子就受孕了。这种受孕叫作风化。所以，只要有道，怎么做都行。如果没有得道，怎么做都是白费气力，行不通的。”

孔子听了，回去闭门三月，然后对老聃说：“嗳，我终于得道了。喜鹊、乌鸦孵卵而化生。鱼用口沫化生。各有自然的道理。弟弟出生，哥哥往往失去父母的爱就哭了。我一直在世俗人群中跑，很久没有和自然造化做朋友了。这样子，我怎能感化人呢？”

老聃说：“是的，你得道了。”

**【点评】**

（一）文字不是大道。六经只是先王的陈迹，不是先王的精神。

（二）没有得道，就不能传道。因为你身上没有那种“能”，怎会感化别人呢？

## 孔子看到龙

孔子见了老聃，回去三天，不说一句话。

他的弟子问道：“老师你去见老聃，拿什么去教导他呢？”

孔子说：“我看到龙啦！龙顺着阴阳，变化无穷。我张着嘴巴，话都说不出来，哪里还谈得上教导他呢！”

**【点评】**

孔子认为老聃已得自然之道，变化无方，所以没有办法插进一句话。面对一个得道的人，任何的话都是多余、不必要的。

## 天地日月

天是运动的吗？地是静止的吗？日月是轮流照临的吗？是什么主宰天地日月？是什么牵引天地日月？是不得不这样的吗？

云是为了雨，还是雨是为了云呢？

庄子说：一切都是自然。

**【点评】**

（一）自然的存在，就是不这样就不能存在。

（二）自然无所谓主宰不主宰，一切都是自然。

# 刻意第十五

## 无江海而闲

刻意高尚自己的行为，表示和世俗不同；或发表空论，抨击社会的黑暗，表示心中的不平，这只是愤世嫉俗的人的做法。

提倡忠信仁义，恭俭推让，以便修养自己，或教诲别人，这只是游历各地，或在固定地方讲学的人的做法。

讲大功、立大名，定君臣上下的礼节，以治平天下，这只是富国强兵，兼并土地的人的做法。

在山林有水草的地方，钓鱼闲散，为的是放下心里的羁绊，这是避世讨清闲的人的做法。

练习深呼吸，做导引，学熊挂在树上，学鸟伸张头脚，这只是磨炼身体，想要长寿的人的做法。

但是这些做法，都是伤害精神的。有道的人，不刻意而自然高尚，不依赖仁义而自然修身，不依赖功名而自然治天下，不依赖江海而自然悠闲，不依赖导引而自然长寿。

【点评】

（一）世俗所依赖的意志、仁义、功名、江海、导引，被认为是修身立业的津梁，但是对于明白大道的人来看，这些都是累赘，都是枷锁。

（二）比如：心情苦闷了就想去看电影，或想听音乐；精神不济了，就想抽烟，或想喝咖啡。那么电影、音乐、香烟、咖啡，不就成了一种“依赖”吗？当这些依赖品都拿掉的时候，你能不再苦闷，你能精神丰沛吗？

（三）精神像是干将、莫邪等宝剑一样，不可妄用。世俗之人，任意损耗精神，所以精神不够用。

# 缮性第十六

## 颠倒的人

为了外物而丧失了自己的生命；用世俗的学术，来恢复自然的本性。这就叫作颠倒的人。

**【点评】**

世俗的人，常常为了金钱、权力、名位而丧失了自己的生命，这在追求大道的人看来，是不值得的。

## 不住山林的隐士

古代所谓的隐士，并不是说把他的身子藏在山林里而不出来，就叫隐士。

隐士是获得大自然智慧的人，当他看见时机命运都不利的时候，便隐藏智慧，与自然合一，而无迹可寻。

**【点评】**

（一）明白大道的人，他的行为不会有心去违逆自然。

（二）许多隐士，名气很大，这是世俗的隐士，不是大智慧的隐士。

（三）有些隐士，隐居山林之目的，是为了做官。像后世陶弘景做“山中宰相”；卢藏用走“终南捷径”等等。这是世俗与大道的分别，是值得用法眼去分判的（陶弘景的故事见《梁书》。卢藏用的故事见《唐书》）。

# 秋水第十七

## 子非鱼安知鱼之乐

庄子和惠子有一次在濠水的桥上游玩。

庄子说："浪里的白条（鱼名，小白鱼）悠游自得，这就是鱼的快乐啊！"

惠子说："你又不是鱼，怎么知道鱼是快乐的呢？"

庄子说："你不是我，怎么知道我不知道鱼的快乐呢？"

惠子说："我不是你，固然不知道你了，但你不是鱼，你不会知道鱼的快乐，这就可以肯定了。"

庄子说："不是这样的。请回到我们原来的话题说起。当你说'你怎么知道鱼是快乐的呢'这句话时，你便已知道我知道鱼的快乐而问我。那么现在我可以告诉你，我怎么会知道鱼的快乐呢？我是从濠水上知道的啊！"

【点评】

（一）这个辩论是一个很重要的启示。这个启示，不是辩论谁胜谁负的问题。

（二）惠子的辩论是采用逻辑的方式，推理严密。

（三）庄子的辩论是以他从大自然获得的智慧做基础，来回答惠子的问题。

（四）中国人一向缺乏知识论中的方法论，惠子是一特别的人物。

## 鸮鸟吃腐鼠

惠子做了梁惠王的宰相，庄子想去看看他。

有人对惠子说："庄子外表上是来看你，实际上是想夺你的位子。"惠子心中非常不安。庄子来了以后，见惠子很不安，便笑着说："南方有一种鸟，叫鹓雏（yuān chú），是凤凰一类的鸟。你听说过吗？这鸟从南海飞到北海的时候，在这样遥远的路上，非梧桐不栖，非竹实不吃，非甘泉不饮。有一天，它飞过一只鸮（xiāo）鸟的头上，那只鸮鸟正在吃腐烂的老鼠。鸮惟恐鹓雏抢去了它的老鼠，便仰起头来，'吓'地大叫一声。那么现在你也想'吓'我一声吗？"

【点评】

这是庄子编造的一篇故事，用来提醒贪恋名位的人。“名位”对于世俗虽有设置的必要，但对大智慧的人来说，名位像旅舍一样，没有什么好留恋的。凡迷恋名位的人，他的心神形体便被名位所役使。

## 污泥中的龟

庄子正在濮水上钓鱼。有两个楚王的使者来拜访。

使者说：“我们的大王想把国事托付给你，先生愿意下山吗？”

庄子说：“我听说你们楚国有一只神龟，死了三千年了，它的骨头还是被人找到，放在宗庙里做占卜用。我想请问你们：这只龟宁愿送了性命，留下骨头让人尊重好呢？还是宁愿活着在烂泥巴里打滚好呢？”

使者说：“它一定认为在烂泥巴里打滚好啊！”

庄子说：“好吧！你们可以回去了。我也是认为拖着尾巴在烂泥中打滚的好。”

【点评】

性命是不能用世俗的尊贵来替换的。为了世俗的尊贵，如职位、权力而丧生的，都是迷惑不醒的人。

## 井底之蛙

东海的一只大甲鱼（鳖），偶然爬过一口井边。

井里的一只蛙看见了，连忙说："稀客稀客，请来参观吧！"

大甲鱼说："你在井里过得舒服吗？"

井蛙说："我独霸一口井的水，像是一个国王一样，怎么不舒服呢？你看，我一跳到井里，水就来扶着我的两腋，托着我的腮帮子。我一高兴钻入水底，泥巴就赶快来按摩我的脚。到了晚上，我不想待在水底了，我就一跳，跳到井边的缺口上做一些奇怪的梦。然后天亮了我想散散步，又一跳就跳到井上，在栏杆的四周散步。我每天都这样的快乐。可是我看到井里的一些小螃蟹、小蝌蚪、小红虫，它们就没有我快乐了。"

于是，大甲鱼想到井底去看看。可是它的左脚刚刚踩进去，右脚就绊在外面动弹不得了。大甲鱼只好退了出来。

大甲鱼便对井蛙说："你的井太小了，我进不去。我刚才是从东海上来的，让我告诉你东海的快乐吧。东海又大又深，用一千里的长，不足以形容它的广大。用八千尺的高，不足以形容它的深。禹的时代，十年中有九年有水灾，可是海水并没有增加。汤的时代，八年中七年有旱灾，可是海水并没有减少。像这样，不因时间的长短而有改变，不受雨水的多少而有增减，这就是大海的快乐。”

井蛙听了，只好翻翻眼珠，连连倒退，一副茫然失措的样子。

**【点评】**

井拘束了蛙。知识拘束了人。知识使你伟大，知识也使你渺小。所以要超越知识。

## 邯郸学步

燕国的一个小孩，到赵国的都城邯郸去学习邯郸人的步法。

但是，这个小孩后来没有学会邯郸人的步法，反而把他自己原来走路的步法忘掉了。因此，他只好爬着回家。

**【点评】**

读书的人，原来为了追求大道，恢复自然的本性。但是久而久之，就迷失在书城里面，走都走不出来。大道在哪里？本性在哪里？这不是邯郸学步吗！

## 管锥测天地

公孙龙问魏牟说："我研究'坚白异同'的学说，没有人敢和我辩论，我自以为是最通达的了。但是最近我听了庄子的言论，使我茫然不知如何开口，请问这是什么道理？难道是我不及他吗？"

魏牟说："算了吧！拿'坚白异同'的学说去和庄子辩论，不就和用管窥天，用锥测地一样吗？天地之大，哪里是管子可以看得尽，绳子能够测得完的呢？庄子一脚踩着青天，一脚踩着黄泉，四通八达，没有挂碍，你哪里能测度他呢？"

**【点评】**

用知识去测大道，就像用管锥测天地一样。公孙龙有大疑惑，所以会有大进步。

## 圣人的勇气

卫国的匡这地方，有个太保叫作阳虎。

刚巧孔子的相貌类似阳虎。所以，有一天，孔子周游来到匡，匡人就把他包围起来。但是，孔子和他的弟子继续在重重围困中讲道。

子路问孔子说："老师怎么一点都不害怕呢？"

孔子说：“是的。仲由，我告诉你吧。在水中不怕蛟龙，是渔人的勇气。在山中不怕猛虎，是猎人的勇气。在战场不怕刀剑，是烈士的勇气。知道命运有穷通，面临大难而不恐惧，这是圣人的勇气。”

不久，有个领头武士，进来对孔子说：“对不起，我们误以为你是阳虎。”说完，就解围去了。

**【点评】**

时运有穷、有通。穷时要以智慧观察，静以待变。

## 风和蛇

夔是一种独脚兽。蚿（xián）是一种百足虫。

夔羡慕蚿。蚿羡慕蛇。蛇羡慕风。风羡慕眼睛。眼睛羡慕心。

夔对蚿说：“我用一只脚走路，再方便不过了。请问你用那么多的脚，怎么个走法呢？”

蚿说：“我顺着自然的安排来走路，一点也不费心呀！”

蚿对蛇说：“我用好多脚走路，还不如你没有脚走得快，为什么呢？”

蛇说：“我是顺着自然的天机来运动的，哪里需要用得着脚呢！”

蛇对风说：“我用我的脊梁和腰部来行走，好像是有个形体可以操纵，你连形体都没有，一下子呼呼地跑到北海，一下子呼呼地又跑到南海，你怎么跑得这么快呢？”

风说：“是呀！我是走得很快。可是人用手指却也能胜过我，用脚踢也能胜过我。而我却能拔大树，倒大屋。这就是我。”

**【点评】**

自然的用处，各有其妙用，而无大小之分。

## 河伯和海神的对话

### 一、黄河和北海

秋天的雨水到来了，大小百川的河流都注入黄河里。因此，黄河水面辽阔，两岸的景物和水中的沙洲都苍茫消失了。

这时河神洋洋自得，以为天下的水就是他拥有的最大了。但是河伯顺流而东，来到北海，向四面一望，不见边际。他这才转过头来对海神说：“嗳，我真是少见多怪啊！我如果不到这里来，我就会被懂得大道的人笑死哩！”

海神说：“井底的蛙，不可以和它谈大海。夏天的虫子，不可以和它谈冬天的冰雪。小儒不可以和他谈大道。你现在看了大海，知道自己的浅陋，总算可以和你谈谈大道了！”

“天下的水，海是最大的。可是拿大海来和天地相比，我就像泰山上的一颗小石子一样，我就不敢说是最大的了。中国在九州，就像太仓中的一粒米，人在万物中，就像马身子上的一根毛。所以这样看来，五帝所继承的，三代所争夺的，仁人所忧患的，能士所劳累的，都不过是一粒米、一根毛、一颗小石子而已。”

【点评】

庄子用黄河、北海和天地的对比，显示宇宙的辽阔，开拓人类的心胸，使你游于无穷的世界。这就叫“启蒙”。

## 二、天地和羽毛

河伯问海神说：“如果我认为天地是大的，毫毛是小的，可以吗？”

海神说：“不可以。万物，要拿来量的话，是无限量的。时间，要拿来量的话，是没有长短的。宇宙没有开始，也没有终点，变化不测。所以大智慧的人，不以远为远，不以近为近，不以大为多，不以小为少。天地不大，毫毛也不小。”

【点评】

万物时空是无穷的。它的性质，不可以用人为的大小长短观念去测量。

## 三、大小和极限

河伯问海神说：“最小的东西是没有形体的；最大的东西是没有外围的，可以这样讲吗？”

海神说：“不可以。所谓最大、最小，都是指有形迹可寻而言。没有形迹的东西，哪能用数量去分别呢？哪能用言语去表达呢？所以，数量不能测，言语不能说的，那就无所谓大小精粗了！”

**【点评】**

大道不能用数量、言语来测量。

## 四、大道和贵贱

河伯问海神说：“万物有贵贱的差别吗？”

海神说：“从自然的大道来看，万物无贵贱。从万物自身来看，万物都自以为贵，互相轻贱。从世俗来看，贵贱都是别人加在你身上的，你并不能自主选择。”

**【点评】**

庄子说：“以道观之，物无贵贱。以物观之，物皆自贵而相贱。以俗观之，贵贱不由己。”这话可以有很多启发。世上的人是不是自贵而相贱？世上所谓富贵的贵，是不是别人加在你身上的？

## 五、谢施

河伯问海神说：“万物既无贵贱，那么我要做什么呢？我要不做什么呢？”

海神说：“从大道看来，没有贵贱，所以不要有我的心志，只是随着自然来反映，这叫作谢施（tuó）——自然的代谢转移。”

## 六、不怕水火

河伯问海神说：“那么学道有什么可贵的呢？”

海神说：“明白大道，就懂得随时随机应变，没有危险。大火烧山，金石熔化，或大水溺天，也不会死。这只有得到道的人才能这样。”

## 七、不要穿牛鼻

河伯问海神说：“什么叫自然？什么叫人为？”

海神说：“牛马各有四只脚，这叫自然。把牛鼻穿上缰绳，把马头套上辔衔，这叫作人为。”

**【点评】**

（一）庄子把人为的知识、道德、法制都看作“穿牛鼻、络马首”。

（二）要注意他说话的“层次”。佛家有人画“十牛图”，第一图是野牛，第二图是穿鼻的牛拴在树下……，到第十图解脱缰绳，这只牛便是“有道的牛”而不是“野牛”，也不是“穿鼻的牛”了。

（三）世人看了庄子，便笑孔子。或看了孔子，便痛骂庄子。这都是不明“层次”的缘故。上述两种态度都有害，望大家特别留意，以免自误误人。

# 至乐第十八

## 庄子鼓盆

庄子的妻死了。惠子前往问候，见庄子正蹲在地上敲着瓦盆（是一种乐器，参见《史记·廉颇蔺相如传》，秦王敲瓦缶的故事。瓦缶就是瓦盆）唱歌。

惠子说：“你的妻和你生活在一起，为你生养、照顾子女。现在她年老去世了，你最多不哭也就是了，怎么还敲着瓦盆唱歌，不嫌太过分了吗？”

庄子说：“不是的，你慢慢听我讲吧。我的妻刚死的时候，我又哪能完全没有感触呢？但我后来想一想：人本来是没有生命的。不但没有生命，连形体都没有。不但没有形体，连气都没有。在若有若无之间的自然变化中，忽然有了气，气变化而有形体，形体变化而有了生命。现在我的妻变化去世，就像春夏秋冬一样的自然。她已安息在大自然的卧室里，如果我还大哭大闹，那我就不通达自然的命理了。所以我不哭。”

【点评】

（一）形体的变化，是出于自然的变化。不要被这变化所惊骇，不要被这变化所苦恼。

（二）在现实的层次上，庄子的妻死了，他多少还是有点痛苦的，所以他要敲瓦盆排遣。我们不妨先这样想。

（三）在高层次的人来看，庄子鼓盆，只是顺应情感的变化而已。这时的哀乐并不打动他的心。

（四）形式不重要，内在的心境的变化，才是重要的。鼓盆怎样？不鼓盆又怎样？

## 柳生左肘

支离叔和滑介叔一起到昆仑山（那里是黄帝得道休息的地方），去观看自然的变化。

忽然之间，滑介叔左肘上长出了一个柳（瘤）。支离叔看了，问道：“怎么样，你心里不安，讨厌它吗？”

滑介叔说：“我怎么会讨厌它呢？生命形体只是大自然偶然的聚合而已。一个柳（瘤），就像一粒灰尘落在我身上一样。况且，我和你来昆仑山，是想观看大自然变化的，现在变化偶然降临到我身上，我又怎会动心呢！”

**【点评】**

（一）柳生左肘，柳是“瘤”的假借字。后代文人常用这个典故。所以我在此保留原文。

（二）疾病也是形体的自然变化，不要因此打动、累赘自己的心。“滑介”便是忘去心智的意思。

（三）有病就治病，但不必挂碍、烦恼。

## 庄子梦见骷髅

庄子到楚国去。在半路上看见一具骷髅仰卧在那里，他就拿起马鞭子敲了敲骷髅。

庄子问道：“先生，你是贪心而死的吗？你是亡国的时候，被刀剑砍死的吗？你是做了坏事，连累父母而自杀的吗？你是冻死、饿死的吗？或是你的春秋已尽，自然地躺在这里的呢？”

四面一片山风，骷髅没有回答。

庄子见天色已经暗下来了，就拿起那具骷髅当做枕头躺在地上睡着了。

半夜里，庄子梦见骷髅对他说：“听你白天所讲的话，你好像是一个辩士。你所说的那些，都是生人的累赘，死后就没有这些了。你想听听死人的话吗？”

庄子说：“好哇，你说来让我听听吧。”

骷髅说：“死后，没有君，没有臣，也没有春夏秋冬。舒舒服服地和天地在一起，天地的春秋（年岁）便是我的春秋（年岁）。这种快乐，南面王也不能相比。”

庄子说：“我不相信死后有那么舒服。我想去叫司命之神，让你复活。还你父母妻子。把你送回你的家乡。你要不要？”

骷髅听了，深锁着眉头，大叫一声道：“我不要。”说着，一溜烟地跑掉了。

**【点评】**

庄子借这故事，提醒那些贪生怕死的人。死是自然的大限。死后到底怎样？要用自然之理去想想。

## 海鸟不爱音乐

有一只硕大的海鸟，叫作爰居。爰居头高八尺，羽毛灿丽，像是一只大凤凰。

鲁国的国君听说爰居飞到它的都城郊外。立刻派人把它接到太庙来。

于是，鲁君为欢迎它，就大奏《九韶》（乐章），大宰牛羊猪，并开了几缸美酒请它。爰居却站在梁上一动也不动。

过了三天，爰居被《九韶》乐弄得晕头转向，不吃也不喝。然后，砰的一声，从梁上掉在地面，死掉了。

庄子说：“鲁君的养鸟法，叫作以己养鸟，而不是以鸟养鸟，所以把鸟弄死了。”

【点评】

（一）人认为最好听的音乐，并不是“绝对”最好听的。人认为最好吃的食物，并不是“绝对”最好吃的。庄子用爰居之死，来提醒我们：感官的享乐，不过是自我麻醉而已。

（二）“以鸟养鸟”而不要“以己养鸟”这话很重要。粗浅地来说：喜欢喝酒的人，便常强迫人家喝酒。喜欢吃辣的人，便常劝人吃辣。请你好好想想看，这样做可以吗？“己之所欲，施之于人”，这往往是行不通的。

## 人不生不灭

列子在山路行走，看见草地里有一个骷髅。

列子拨开草丛，用手指着他说：“朋友！只有你和我知道你没有生、也没有死过。你现在是痛苦的吗？我现在是快乐的吗？”

【点评】

（一）忘去生死，才能谈快乐。

（二）最大的快乐是不苦不乐，忘去快乐。

# 达生第十九

## 黏蝉的老人

孔子到楚国去，穿过一片树林，只见一个驼背老人在捉蝉。他手上拿的是很长的竹竿，但捉起蝉来，毫不费力，就像用手拿东西一样。

孔子问说："你怎么这样会捉蝉？这是技巧，还是道术呢？"

老人说："这是道术啊！我最初练习捉蝉的时候，先在竹竿上叠两个弹丸，等到两个弹丸都不会掉下来了，我再去捉蝉，那失手的机会只有十分之二三而已。后来我又叠三个弹丸，等到三颗弹丸都不会掉下来的时候，我再去捉蝉，失手的机会就只有十之一二而已了。最后我能叠到五颗弹丸而不会掉下来，这时候，我去捉蝉，就像用手拿东西那样容易了。"

老人又说："你看我捉蝉的时候，身体像树木一样的动也不动，我的手拿着长竿，也像枯枝一样动也不动。这时，虽以天地之广，万物之多，我却只知道天下有蝉翼而已。没有任何东西足以取代我心目中的蝉翼，所以捉蝉哪会捉不到呢？”

孔子听了，对弟子说：“你们注意啊！心意不杂，就可以通神了。”

【点评】

由技巧入道，心意要不为外物所分散才行。久而久之，万象入心，也无动于心了。

## 操舟如神

颜渊有一次坐船渡过深潭，见划船的人操舟如神，便问说：“操舟的技术可以学习吗？”

那船夫说：“可以呀！要是善于游泳的人，很快就学会了。要是善于潜水的人，那他就是没有见过船，也能划得很快。”

颜渊问说：“为什么呢？”船夫不答。

颜渊回去以后便问孔子。

孔子说：“会游泳的人，他很快就忘了水的危险。会潜水的人，把深渊看作山丘一样。船翻了，对他来说，好像是车子倒退而已。所以水中任何危险，他都不放在心上。你碰到的船夫操舟如神，便是这个缘故。”

【点评】

心有牵挂，便失其灵巧了。

## 黄金做赌注

孔子说："用瓦片做赌注，射箭的人，心中没牵挂，就射得很巧妙。用带钩做赌注，射箭的人，心中就会恐惧，技巧就差了。用黄金做赌注，射箭的人，心中负担沉重，就完全失去技巧了。"

一个人射箭的技术，所以会有这样大的差异，就是他的心被外物连累所致。

## 牧羊人

田开之说："会养生的人，就像善于牧羊的人一样，看见落后的羊便赶它一下。"

周威公问说："这是什么意思？"

田开之说："鲁国有个人叫作单豹，住在山里，生活清静，不向人争利。他活到九十岁，脸色还像婴儿一样。不幸遇到了饿虎，把他吃掉了。另外有个叫作张毅的，大街小巷，高门蓬户，他都去串门子。到了四十岁的时候，他就得热病死了。单豹修养内心，忘了他的形体。张毅保养他的形体，忘了疾病侵袭他的内心，这都不是养生的中道。所以养生要像牧羊人那样，不可失其中道。”

【点评】

中道在人文主义上很要紧。但对自然主义者来说，中道亦不可执着。因为有“边”才有“中”。而自然之理是变化的，既无边际，便无固定之中点。儒家讲中道，庄子讲变，其理在此。

## 祭盘上的牺牲

祝史是主持宗庙祭祀的人。

有一天，祝史穿上礼服走到猪圈外面，对着猪说道：“你们何必怕死呢？我用上好的饲料喂你们，然后我三天斋，十天戒，最后把你们放上神圣的祭盘。这样你们还认为不够光彩吗？”

过了一会儿，祝史又倒过来替猪想想，说道：“到底还是不如吃糟糠，活在猪圈好啊！”

人，既然会替猪打算，为什么偏又为了世俗的尊荣，去做祭盘上的牺牲品呢？

那么，这样看来，人和猪究竟有什么不同呢？

## 桓公打猎遇鬼

桓公在山泽打猎，管仲替他驾车。忽然之间，桓公看见一个鬼。

桓公问管仲说："仲父刚刚看见什么东西吗？"

管仲说："没有啊！"

桓公回去以后，心中受了恐惧，就生病了。三个月没有出门。

有一天，皇子告敖对桓公说："你的病，是自己伤害自己的。鬼哪能伤害你呢？"

桓公问说："那到底有没有鬼？"

皇子告敖说："有啊。泥沟中有履。灶下有髻。门内污秽的地方有雷霆。东北方墙脚下有倍阿鲑蠪（guī lóng）。西北方的墙脚下有泆（yì）阳。水里有罔象。山丘有峷（shēn）。大山有夔。荒野有彷徨。湖沿有委蛇。这些都是鬼啊！"

桓公说："请问委蛇的形状怎样？"

皇子告敖说："委蛇大如车毂，长像车辕，紫衣红帽。它讨厌雷声和车声。如果听见了雷声或车声，它就缩头站住不动。看到它的人将会成为霸王。"

桓公听了，用手指着笑说："我看到的就是它！我看到的就是它！"说完，坐了起来，自己把衣冠整理好，和皇子坐了一会儿，不知不觉之间，病就好了。

【点评】

（一）有许多疾病是由自伤。只要找出它的原因，疾病就不药而愈。皇子（复姓）告敖知道桓公患的是心病，所以故意说说委蛇的形状，又说见了委蛇会称霸，以宽桓公心事，这便是对症下药了。

（二）“以”、“已”古字相通。

## 纪渻子养斗鸡

纪渻（xǐng）子替周宣王养斗鸡。

十天后，宣王问道：“鸡养好没有？可以打架了吗？”

纪渻子说：“还不能。那只鸡意气很盛，斗志高昂。”

过了十天，宣王又问。纪渻子说：“还不能。那只鸡只要看见别的鸡的影子，听见别的鸡的声音，便会冲动起来。”

过了十天，宣王又问。纪渻子说：“还不能。那只鸡常对四周怒目而视，它的气势自命不凡。”

过了十天，宣王又问。纪渻子说：“差不多可以了。那只鸡虽然听见别的鸡叫，已经没有反应。看起来就像一只木鸡。它的心，已不受外物所动。”

于是宣王便用那只鸡去斗鸡，别的鸡看了它一动也不动，都吓得连连倒退。没有一只鸡敢向它挑战了。

**【点评】**

（一）无心争斗的鸡，便全身无懈可击。它的劲气内敛，一触即发。

（二）不动心的人，便不被外物所累。大剑客不带剑，随时御敌。

## 瀑布下游泳的人

有一次，孔子来到龙门瀑布，见瀑布高悬二万四千尺，浪花直冲四十里，不觉看得出神了。

忽然之间，他发现急流中有个人游上游下。孔子大惊，以为那人要寻短见，便叫弟子准备搭救。

一会儿，那人已游到百步之外，披发唱歌，来到岸下。孔子便走上前去问道：“游水不怕急流，这也有道吗？”那人说：“我也没什么道。只是我在水中习而成性，出入波涛，自由自在，如此而已。”

**【点评】**

（一）用大瀑布比喻造化之力量，很可观。

（二）李白形容庐山大瀑布说："飞流直下三千尺，疑是银河落九天。"真是气势非凡。人如果不明白自然造化之伟大，而妄想以人力去抗衡，那就像不会游泳的人在龙门、庐山瀑布下游水一样，非淹死不可。

## 梓庆做钟架

梓庆做了一个钟架，完全没有斧凿的痕迹。鲁侯便问道："你这是什么技术啊？已到化境了吗？"

梓庆说："我只是一个木工而已。就以木工的技术来说说吧！我开始要做钟架的时候，先保全元气。先是斋戒三天，不敢存有受赏赐的念头。再斋戒七天，忘了我自己的形体。然后我才走入山林，观察有没有天然的钟架，如果形质不合用，我就不动手施工。我做的钟架所以合于自然，不见斧痕，大概就是这缘故吧！"

**【点评】**

梓庆顺理以合自然，所做钟架便如同天生而成，没有人工的痕迹。

## 东野稷盘马

东野稷善于驾驭马车。他驾车的轨迹就像用工具编织的花纹那样美妙。

有一次，他驾了庄公的马车，在广场上盘马数百圈。颜阖看了以后，去对庄公说："东野稷的马就要出事了。"

庄公听了，默然不答。过了一会儿，果然有人报告说东野稷盘马倒在地上。

庄公便问颜阖说："你怎么知道东野稷会出事呢？"颜阖说："马的精力是有限的。我看他拼命训练马的耐力，已经过了限度，所以知道那马必倒无疑。"

## 工倕的手指

工倕（chuí）的手指和工具合而为一，不必用心去做，就能画出方圆。

所以，忘了脚的人，鞋子对他自然很舒适。忘了腰的人，束带自然对他很舒适。忘了是非的人，他的心自然很舒适。忘了舒适的人，那是真舒适了。

【点评】

（一）心不要强求专一，不要强求与外物契合，才是合乎自然之道。故意使心如槁木死灰，那还是不对的。读者朋友，请多想想。

（二）庄子用工倕的手指来比喻，很好。一般的工匠，有心画一个方圆，所以不是最好的工匠，他的手永远停在“技术”的层次。工倕便是超越这层次的人了。

## 酒醉坠车的人

喝醉了酒的人，从车子上坠下来，虽然摔得很重，但也不会死。

醉酒的人，骨头结构和别人一样，为什么摔不死呢？因为他那时候，已不知道自己是在坐车，也不知道自己正从车子上摔下来，生死惊惧，不能进入他的心中，所以他不会摔死。

【点评】

这故事是一个比喻。千万不可拿来尝试。醉酒的人，庄子拿来比喻忘我的人。忘我的人，能得自然的保护。

# 山木第二十

## 浮游于道德

庄子走在山路上，看见几棵巨大的树，枝叶茂盛。可是伐木的木匠却站在一边，没有人去砍伐。

庄子问说：“为什么你们不动手去砍伐呢？”工匠说：“这些树，木质不好，没有什么用处。”

庄子听了，便对弟子说：“这些树就是因为没有用，所以才长得这样高大啊！”

庄子下了山以后，到一个朋友家去。他的朋友很高兴，便叫仆人杀鹅请客。

仆人问说：“我们家的鹅，一只会叫，一只不会叫，杀哪一只才好呢？”

主人说：“杀那只不会叫的好了。”

第二天庄子的学生问说：“昨天那山中的巨树，因为无用而终其天年。而今这只鹅却因为无用而被杀了。请问老师，做人到底要怎样自处？”

庄子笑说："我将处于无用和有用之间啊！不过，在实际上，处于有用和无用之间，还是要受累赘的。所以，只有顺应变化，无所谓有用，无所谓无用，乘道德（自然之道）而浮游，才能免于困顿哩！"

**【点评】**

（一）人世的道德，都是相对的。所谓有用和无用也就是相对的。所以，大智慧者要超越相对的道德。

（二）道家的道德和世俗的道德不同，原因在此。

## 北宫奢铸钟

北宫奢替卫灵公募款铸造大钟。

他先在城门外，立了一座祭坛。三月之后，悬钟的架子完成了，王子庆望见了便问说："你用什么方法募款，使工程做得这么快呢！"

北宫奢说："我只是一心一意在铸钟，不敢再有其他的念头。我现在是把自己变成好像无知无识，返璞归真那样。人家来了，愿意捐钱的，我不禁止他。不愿捐钱的，我也不留下他。随他自便。所以，虽说是在募款，但是人民毫毛不损。"

【点评】

人没有私心，便能感动人，做事所以顺利。如有私心，被人看穿了，人家反而相应不理。

## 甘井先竭

孔子周游列国，被围于陈蔡之间，七天没有炊饭。

大公任前往问候道：“你这次几乎遇害了吗？”

孔子说：“是的。”

大公又问道：“你讨厌死吗？”

孔子说：“是的。”

大公说：“我以前不是对你说过免害的道理吗？东海有一只鸟，叫作意怠。这只鸟，看来好像没有什么本事。当飞行的时候，它要人家带领。栖息的时候，它要杂在众鸟群中。吃东西的时候，不敢抢先。所以外人始终不能侵害它。直的树木，先遭砍伐；甘的泉水，先被汲干，这是很明白的道理。现在你的行为却好比是拿着智慧的光华，去照亮别人的污秽，来显示你的清白，这样做，人家当然不容你了。”

孔子听了，大为觉悟，就辞别了朋友，离开了弟子，独自到山林里修道去了。

【点评】

（一）智慧不要外露。否则人家不是怕你，便是妒忌你，要做事，往往就有了阻碍。

（二）大公是官名，或是复姓，不能确定。

## 林回弃璧

假国灭亡的时候，林回抛弃了家藏的连城璧，带着小孩逃亡了。

【点评】

（一）以利害相结合的，必以利害而分散。

（二）乱世怀着连城璧，只有愈增危险了。

（三）这个“极短篇”，言简意深。

## 庄子在荆棘中

庄子穿着布衣草鞋，去见魏王。

魏王说：“先生怎么着这样困苦的装束啊！”

庄子说：“这是贫穷而不困苦啊！衣服破了，鞋子坏了，这是贫穷。有大智慧而不能化行天下，这才是困苦啊。你看猿猴在楠梓树上，盘旋跳跃，唯我独尊，后羿对它也没有什么办法。但是在荆棘丛下，猿猴便小心翼翼，不敢乱跑乱跳了。我现在就是处在荆棘丛中啊！”

【点评】

（一）命有穷通。庄子逢乱世，便以贫穷自守。所谓见魏王，也不过是“僻处自说而已”（钱穆语），岂有当面刺为昏君乱相之理。

（二）大智慧者，往往困顿终生，这是人世的悲哀。苏格拉底吃毒药，耶稣上十字架，想想他们的心事。

## 燕子结巢梁上

孔子说：“燕子是一种有智慧的鸟啊！它眼睛看到不应该去的地方，就不去。它衔着的果实掉在地上，便弃而飞走了。它本来是怕人的，却结巢在人间，终于没有人去害它。这便是处世的大智慧。”

【点评】

鸟都怕人，所以巢居深山、高树以免害。燕子是特别的。它就住在人家的屋梁上。想想看，它有什么避害的道理呢？它太瘦了就没有人吃它吗？

## 螳螂捕蝉

庄子有一次到雕陵的栗园去游玩。

忽然，从南方飞来一只奇异的鹊。那只鹊翅膀有七尺长，眼睛很大。它碰了一下庄子的头，才停在栗树上。

庄子觉得很奇怪，就想说："这是什么鸟呢？怎么翅膀这么大，却飞得不远。眼睛这么大，却又碰到我的头。"于是提起衣裳，拿着弹弓，慢慢走过去。

这时候，庄子看见一只蝉，正在树叶的遮蔽下而忘了自己。旁边有一只螳螂刚刚举起了臂膀要捉它。螳螂正聚精会神的时候，也忘了自己的形体已暴露出来。那只怪鹊便趁机想吃螳螂。

庄子看到这里的时候，忽然觉悟道："不好了。人都见利而忘害。"于是，抛了弹弓，回头便跑。管栗园的人，见有人在跑，以为是偷栗子的，便追在后面大骂。

庄子回去以后，三日不出门，心里一直不愉快。蔺且（lìn jū）

问道："老师为什么这几天不大高兴呢？"

庄子说："我在栗子园守候一只怪鸟，忘了我的身体的危险，结果被人家误以为我是偷栗子的，真是受气。"

【点评】

追逐外物，往往迷失本性。迷而不返，就危险了。

## 美妾不可爱了

杨朱到宋国去。有一天住在旅馆。

旅馆的主人有两个妾，一个美貌，一个不好看。主人却很喜爱那个不好看的妾。

杨朱问："真奇怪，你怎么会不喜欢那个美貌的妾呢？"

那主人说："长得美丽的那个妾，自己以为很美，所以使人觉得不美了。那个长得不好看的妾，自己以为不好看，所以使我忘了她不好看。"

杨朱听了，便对弟子说："小子们，注意啊。存心自夸，就不可爱了。去掉自夸的心，到哪里不受人家喜爱呢！"

【点评】

（一）自以为美的小妾，有浮夸之心，离大道愈远。所以庄子拿来作为“不可爱”的比喻。

（二）自以为不美的小妾，有谦虚之心，离大道较近。所以庄子拿来作为“可爱”的比喻。

（三）自以为美或自以为不美其实都不重要。重要的是他的心的变化如何。

# 田子方第二十一

## 宽衣解带的画师

宋元君想要画一幅图画，便请来了许多画师。

画师们拜见宋元君以后，个个兴致冲冲，有的赶紧用嘴舐着画笔，有的就赶紧调和颜色。还有一大批人在门外等着。

过了一会儿，有个画师慢慢地走来，神态十分的悠闲。他前来拜见宋元君以后，并不站在那里，就直接到画室去了。

宋元君派人去看他，只见他已宽衣解带，裸体坐在地上。元君一听，便说：“好极了，这才是我要寻找的画师。”

## 伯昏无人的箭术

列御寇表演箭术给伯昏无人看。

他把弓箭拉满，左手平伸，手肘上放一杯水，右手连续发箭，动作之快速，无以复加。当第一支箭刚发出去，第二支箭就已搭在弦上。当第二支箭刚发出去，第三支箭，又已搭在弦上。列御寇射箭时，整个人的动作，就像一个木偶人一样，左手肘上的水，一滴也不会泼出来。

伯昏无人看了，笑着说："你这种箭术，只能算是'有心射箭'的箭术，而不是'无心射箭'的箭术哩！来，我带你到高山上，站在山边的岩石上，背向万丈深渊，看你还能镇定射箭吗？"

于是，伯昏无人带着列御寇爬上高山，站在危岩上，背向万丈深渊，腿后跟二分悬空在外，叫列御寇来射箭。列御寇吓得伏在地上，汗从头上一直流到脚跟。

伯昏无人这才说道："真正得道的人，一脚踩着青天，一脚踩着黄泉，纵横八极，神气不变。你现在不过是爬上高山，就吓成这样子，你的心距离大道还差得远哩！"

**【点评】**

（一）有心射箭，只是"技术巧妙"。"无心射箭"才是道术的巧妙。

（二）伯昏无人带列御寇站在危崖上射箭，就是要他忘我、忘箭，浑然与大道为一，才能达到最上乘的箭术。

## 百里奚养牛

百里奚不把“卑贱”放在心上，所以他养牛的时候，就把牛养得很肥。

秦穆公认为百里奚能够忘掉卑贱，所以就把政事交给他，封他为“五羖（gǔ）大夫”。

百里奚做了五羖大夫以后，也没有把爵禄放在心上，所以把政事办得很好。

**【点评】**

（一）养牛像“请客”一样，牛还能不肥吗？

（二）做官不求爵禄，不要钱，不要功，政事还会办不好吗？

## 舜修仓通井

舜还没有做帝王的时候，常在家里做工。

他的父亲叫他去修谷仓，他就爬上去修谷仓。他的父亲叫他去通阻塞的井，他就下井去修理疏通。

舜去做这些工作的时候，他的弟弟一心一意想害死他。他不是不知道，但他全不把生命放在心上。

舜修谷仓的时候，他弟弟放火烧他。舜通井的时候，他弟弟填井想活埋他。但他却没有死。

于是，舜感动了他的弟弟，也感动了尧。后来，尧把帝位让给他。

【点评】

（一）庄子把舜的历史故事，提升为哲学故事。

（二）舜无私、无我，所以能够动人，办理政治才能感化人。

## 臧丈人钓鱼

周文王到渭水附近去散步。

他看见一个臧丈人在钓鱼。他就站在一边看。

那个钓鱼的人很奇怪，一副不像钓鱼的样子。因为他扬起的钓竿没有鱼钩，他也不装鱼饵。他钓鱼是别有所钓。文王也看出来了，这是最高明的钓鱼。

文王想了一想，决心要把臧丈人请回去，把国政交给他办理。但是，大臣们会不会答应呢?

第二天，文王召集大臣，对他们说道:“昨天晚上我梦见一个人。他的脸黑色而多髯，骑在一匹杂色的马上，马的脚有一只是红色的蹄子。那人对我说:“‘把政事交给臧丈人吧，百姓便幸福了。’我醒来以后，觉得很奇怪，你们说怎么办？”

大臣说：“哎呀，大王梦见的不是先王季历吗？”

文王说：“那我们就占卜一下，看看先王的意思究竟是不是这样吧！”

大臣说：“先王的命令，何必怀疑。占卜做什么呢？”

文王便派人去把臧丈人迎接回来，委政给他。

【点评】

（一）臧是地名，在陕西渭水附近。丈人是年高的男子。

（二）臧丈人的钓鱼，是“无心钓鱼”的钓鱼。文王看出他的道术很高，所以假借先王的托梦，请他回去做宰相。

（三）臧丈人钓到的鱼，也可以说就是文王。但庄子的故事中，陈意远远比钓文王要高。

## 鲁国只有一个儒者

庄子见鲁哀公，谈了一谈他的道术。

哀公说：“我鲁国的人都修儒术，没有什么人修你的道术啊！”

庄子说：“鲁国也没有什么人修儒术啊！”

哀公说：“你怎么这样说？你没看我国中到处都是穿儒服的人吗？”

庄子说：“穿儒服的人就一定懂儒术吗？我听说儒者戴圆形的

帽子，是表示他知道天文。穿方形的鞋子，是表示他知道地理。佩彩带，系玉玦，是表示他遇事能够有决断。可是那些穿上儒服的人，真的具有这种造诣吗？我请大王下令：'不懂儒术，而擅穿儒服的人要处死罪'，就知道他们是否真懂儒术了。"

第二天，哀公下令："凡是不懂儒术的人，五天之内，请除下儒服，否则处死罪。"

五天以后，整个鲁国，只有一个男子敢穿儒服，站在哀公朝廷门口。于是哀公便召见他，试问他国事，结果那个儒者应对有方，千变万化。是个真正的儒者。

这时，庄子便对哀公说："你看怎样？全鲁国也不过只有一个儒者，还能算多吗？"

【点评】

世上明道的人很少。可是世人偏多穿着得道的外衣。庄子是得道的人，所以假儒真儒，他一眼就看了出来。本篇故事，庄子提醒鲁君，正是告诫我们，不要被"形式"所蒙蔽。

## 老子刚洗过头发

有一次，老子刚刚洗过头发，头发还没有吹干。老子便披头散发，坐在那里，一动也不动。

这时孔子恰巧来访，一见老子像枯木那样动也不动，心中吓了一大跳。过了一会儿，老子的头发吹干了，便对孔子说：“怎么样，你刚才吓了一跳吗？”

孔子说：“是的，先生刚才的模样，像是一株枯木，已经离开人世而完全独立。我大吃一惊哩！”

老子说：“我刚才是游心于万物还没有开始的世界，你知道吗？”

孔子说：“哦！这太玄奥了。请先生指点一下吧！”

老子说：“这件事，当我想说的时候，我的心便像困窘而不通，我的口便像张开了而发不出声音那样。很不好说明哩！万物没有开始的世界是一个没有端倪，没有穷尽的世界。那是一个完善快乐的世界。”

孔子听了，叹息道：“只有先生才能和造化合一啊！古来的君子，有几人能达到这境界呢？”

孔子回去以后，便把所见一一告诉颜渊。

孔子说：“我去拜访老聃，我才发现自己像是水缸里的小红虫那样无知。如果不是老聃打开水缸上的盖子，我还不知道缸外另有天地哩！”

**【点评】**

大道不可说。“道可道，非常道。”所以庄子说：“我说了那么多的话，其实没有说过一句话。”

## 魏文侯不想做国王

田子方陪着魏文侯聊天。言谈之间，田子方常提到溪工。

文侯说：“溪工是你的老师吗？”

田子方说：“不是啊，他是我的邻居，因为他的话很合大道，所以我就提到他。”

文侯说：“那你没有老师吗？”

田子方说：“有啊。我的老师叫东郭顺子。”

文侯说：“那你为什么不提他呢？”

田子方说：“我的老师已得大道，他的形状虽然和常人一样，他的心却完全契合自然。叫我怎么提他才好呢？”

田子方走了以后，文侯惘然自失。他就动也不动地坐在那里。过了好久，才对侍立旁边的臣子说：“嗳，刚才听了田老师的话，我才知道仁义就像土偶，雨一淋就坏了。我想了一想，这个位子也是我的累赘哩！”

**【点评】**

魏文侯本来以为王位最尊贵，仁义就是大道。但是听了田子方的开示，才知道王位不足慕，仁义也非最高境界。

## 凡国不存不亡

凡侯和楚王坐着聊天。

一会儿，有三个人连续慌慌张张地来报告说：“凡国灭亡了。”凡侯坐着，漠然不动。

楚王问道：“你心里不急吗？”

凡侯说：“我何必着急呢？凡国的存在，不能保障我（真我）的存在。凡国的灭亡，也不会丧失我（真我）的存在。那么，楚国不也这样吗？所以，我们不妨说凡国不曾灭亡，楚国不曾存在。”

**【点评】**

真我才是最重要的。外物的存亡变化，哪能时时去计较呢？

# 知北游第二十二

## 道在屎溺

东郭子问庄子："你所说的道，究竟在哪里？"

庄子说："道是无所不在的。"

东郭子说："那就请你明指个地方吧！"

庄子说："道就在蝼蚁身上。"

东郭子说："怎么会这样卑下呢？"

庄子说："道就在稊稗（tí bài）小草的里面。"

东郭子说："怎么愈来愈卑下了呢？"

庄子说："道就在砖瓦里面。"

东郭子说："怎么又更卑下了呢？"

庄子说："道就在屎溺里面。"

东郭子不说话了。

庄子这才说道："你问的话，离开大道的实质太远了。以大道来观看万物，万物没有贵贱。蝼蚁、稊稗、砖瓦、屎溺是一样的。

它们如果不合乎道，就根本不能存在的，所以我说道无所不在。”

【点评】

（一）世人往往把道看得太“高”了。所以误会道只是存在于高贵的地方。其实万物都是道的变化，无有贵贱之分。庄子用最浅的比喻，来告诉东郭子，东郭子却以为庄子拿他开玩笑。其实，庄子的比喻“每下愈况”，这是懂得大道的人才能这样使用“方便法”啊！

（二）“每下愈况”典故出在此处。不可误用为“每况愈下”。

## 大马捶钩者

楚国大司马家中，有个打制带钩的工匠，年纪已经八十岁了。可是，他打出来的带钩，不失豪芒，完美无瑕。

大司马问道：“你打的带钩这样精巧，究竟是靠技术呢？还是已经得道了呢？”

那工匠说：“是啊。我有道哩。我二十岁的时候，就喜欢打带钩。我打带钩的时候，精神专一，除了眼中的钩以外，什么东西都不能引诱我分神。我心的专一，就是这样对别的东西毫不关心训练出来的。所以现在，我已经不需要用心，我的心就自然专一。我的心自然专一，我打的带钩，还会失去豪芒吗？”

【点评】

（一）八十岁的工匠，因为长期训练，他的心不为外物所分散，所以心意愈来愈集中。

（二）这个工匠最后不必用心去集中精神，精神便自然专一，这时他的心中连“带钩”也没有了。所以打出来的带钩，没有人工的痕迹，这叫作“不失豪芒”。

（三）“大马捶钩者”是文学家常用的典故，故保持原文，以便应用。

## 光曜和无有

光曜问“无有”说：“先生你究竟是有呢？还是没有呢？”

“无有”不肯回答。

光曜看“无有”不回答，便仔细地看看“无有”的状貌。光曜看来看去，只觉得空空洞洞。整天看也看不见什么，听也听不见什么，用手去捉也捉不到什么。

于是，光曜说道：“这是最高的境界啊！谁能到达这个境界呢？我只能够有心去做到无的境界，却不能够无心去做到无的境界。假如要做到‘无无’的境界，究竟要怎样才做得到呢？”

**【点评】**

世上万物都是变化的，固定地称之为“有”和“无”，都是粗浅的观察结论。本篇是要我们超越有、无的二分法，这是接近佛家的“般若”了。

## 道可以拥有吗?

舜问丞说：“道可以拥有吗？”

丞说：“你的形体都不是你能拥有的，道要怎样去拥有呢？”

舜说：“我的形体不是我的，那是谁的呢？”

丞说：“你的形体，你的性命，你的子孙，都是自然变化，暂时寄托的啊！哪里是你的呢？”

**【点评】**

（一）把形体当做自己拥有的，这是一种迷惑。

（二）有心把道拿来拥有，也是一种迷惑。所以佛家说：得道的人，无智亦无得。

## 知识和大道

“知”到北方去游历。有一天，他来到玄水的旁边，登上隐弅（fèn）的山丘，遇见了“无为谓”。

“知”问“无为谓”说：“我想问你三个问题：怎样思考才能明白大道？怎样动作才能安于大道？怎样的法门才能获得大道？”

“无为谓”听了这三个问题，没有回答。

“知”得不到解答，便又来到白水的南边，登上狐阕的山丘，遇到了“狂屈”。

“知”把原来的三个问题，拿来问“狂屈”。

“狂屈”说：“我知道。我心中想告诉你，但却忘了所要说的话。”

“知”还是没有得到解答。便回到帝宫，去问黄帝。

黄帝说：“不要用心去思考，才能明白大道。不要用心去动作，才能安于大道。不要用心去依据法门，才能获得大道。”

于是，“知”问黄帝说：“我和你都知道大道。‘无为谓’和‘狂屈’却不知道大道，到底谁才对呢？”黄帝说：“‘无为谓’是合于大道。‘狂屈’是接近大道。我和你距大道还远得很哩！”

**【点评】**

（一）知、无为谓、狂屈三人，是庄子虚构的人物，分别代表道的三种境界。

（二）“知”是代表“言”的境界。“狂屈”是代表“言无言”的境界。“无为谓”是代表“无心、忘言”的境界。

（三）用“知”去测量大道，用“言”去表示大道，都像用绳索去测量天的高度一样，所以黄帝说“距大道很远”。

（四）参阅禅宗达摩传衣钵给慧可的故事。达摩传衣钵时，先测验他的高足，要每人说一句话。他的高足每人说了一句话，慧可却一句话也没说。达摩便传衣钵给慧可。

## 道超愈知

泰清问无穷说：“你知道大道吗？”

无穷说：“我不知道。”

泰清又问无为说：“你知道大道吗？”

无为说：“我知道”。

泰清说：“你知道大道，有名目可以指称吗？”

无为说：“有啊。”

泰清说：“什么名目？”

无为说：“道可以称为贵，可以称为贱。可以称为聚，可以称为散。”

泰清便去问无始说：“无穷不知道，无为知道，那么究竟谁是谁非呢？”

无始说：“知道的人浅。不知道的人深啊！”

泰清仰天叹息说：“原来道是不可用耳朵去听，不可用眼睛去看，不可用嘴去说。道是超越感官知识的啊！”

**【点评】**

（一）庄子一再强调道是不可用人的眼耳口心去索解。人必须超越这些“管锥”才能测天地、大道。

（二）如果想进一步了解庄子的这层境界，请读佛经“转识成智”的道理，但这已超越知识的范畴了，故不再述。

# 庚桑楚第二十三

## 后羿的技巧

后羿的箭术巧妙，能够一箭贯穿空中飞鸟的双目。但是，他却没有技巧能够避开世俗的称誉。

**【点评】**

（一）后羿能命中飞鸟，鸟不能避。但是，名誉也同样地命中后羿，后羿不能避。

（二）所以从大智者看来，后羿的箭术，正是他最大的累赘。

（三）世人好名，女人好佩戴首饰，这在智慧者看来，也正是一种累赘。

## 用道术捉麻雀

用箭术捉麻雀，百发百中，那是后羿的绝技。但是，后羿能捉到多少只麻雀呢?

如果用道术捉麻雀，把天下当作罗网，麻雀便一只都跑不掉了。

**【点评】**

（一）技术的功用有限，道术的功用无限。

（二）世俗的绝技，只是大道之花（不是果实），大道之末而已。世人多逐大道之末，奈何!

## 庚桑楚逃名

老子的弟子庚桑楚，颇得老子之道。

庚桑楚住在畏垒山上，使畏垒地方的百姓大为丰收。于是当地的人开始感激崇拜他。

庚桑楚知道人家崇拜他以后，便对弟子说:“春天的时候百草丛生，秋天的时候，万物结果。这是自然的运行啊！我住在这里，人家却把天地的功劳推在我的身上，认为我是贤人，难道我要做人的模范吗？”

于是，他搬到深林里去了。

# 徐无鬼第二十四

## 匠石和郢人

惠施是庄子的好朋友，惠子死后，庄子很想念他。

有一次，庄子送葬，路过惠施的坟墓，庄子便感慨地对随从的人说：

有个郢人在涂白灰的时候，一滴白灰落在他的鼻尖上，像是苍蝇的翅膀那样薄。郢人便回头叫他身边的匠石拿斧头把它砍掉。匠石拿起了斧头，挥霍如风，看也不看，两三下就把白灰削得干干净净。郢人站在那里动也不动，所以鼻子一点也没有受伤。

宋元君知道了这件事，就把匠石找来，对他说："我也把白灰涂在鼻尖上，让你砍砍好吗？"匠石说："我以前曾经砍过。但是，我的对手早就死了。"

庄子说到这里，顿了一下，继续说道："自从惠子死后，我的对手也就死了，我就没有说话的人了。"

【点评】

（一）本篇非常精彩。无情的庄子，写出了这样动情的文字。

（二）惠子说话，庄子也会说话，二人是“敌手”。

（三）惠子会说话而喜欢说话，庄子会说话而不喜欢说话，二人境界不同。

（四）惠子没有领悟不说话的道理，庄子深为惋惜。

（五）当惠子躺在坟墓里，再也不能说话了。庄子说话的时候，惠子还听得到吗?

## 徐无鬼相狗相马

徐无鬼因女商的介绍，去见魏武侯。

武侯慰问徐无鬼说：“先生气色不太好啊！大概是住在山林太吃苦了，所以才下山找寡人聊天吧！”

徐无鬼说：“我是来慰问你的啊，你怎么反来慰问我呢？”

武侯听了，知道徐无鬼的话并没有错，自己实在十分劳累。因此，他便惆怅着不说话了。

过了一会儿，徐无鬼又说道：“大王，我会相狗，也会相马哩。你想听听吗？”

武侯说：“啊，那好极了，你说给寡人听听吧！”

徐无鬼说：“我相狗，分为三种。下等的狗，吃饱就算了，这种狗和猫一样。中等的狗，眼神明亮，矫矫不凡的样子。上等的狗，自由自在，无拘无束，根本不知道自己是狗哩！”

武侯听了，鼓掌大笑。

徐无鬼又说：“我相马的本领又比相狗还要精。马有两种，一种叫作国马，一种叫天下之马。”

武侯说：“请先说什么叫作国马？”

徐无鬼说：“如果一匹马，无论马齿、马背、马头、马眼，都合乎绳墨规矩，它的进退周旋，也完全中规中矩，那就叫国马。”

武侯说：“那什么是天下之马？”

徐无鬼说：“如果一匹马，它的动作似动似静，它的精神若有若无，它好像是忘掉自己的样子，这匹马跑起来必然绝尘而去，这就叫作天下之马。”

武侯听了，瞪了一下像病夫似的徐无鬼，然后便站了起来，大笑不已。

**【点评】**

（一）世人相狗相马，只看毛色皮相，一如武侯看徐无鬼。

（二）徐无鬼外表似病夫，实则精气含藏不露。

（三）武侯衣冠华丽，但精神空虚乏力。

（四）徐无鬼提醒武侯，武侯会意大笑。

## 《诗》、《书》、《六弢》不如狗马经

徐无鬼见了魏武侯，告辞出来。

女商问道："先生刚才谈些什么话呢？大王怎么会那样高兴？"

徐无鬼说："我只是随便谈了些相狗相马的道理。"

女商吃惊道："是吗？那真奇怪了。从前我和大王谈《诗》、《书》、《礼》、《乐》，不然就谈《六弢》（弢，tāo，韬）兵法，大王却从来没有这么高兴过哩！"

徐无鬼说："哦！你没有听过越国被放逐的人讲的话吗？刚离国的几天，只要看见老朋友便很高兴。离开个把月以后，只要看见越国的熟人便很高兴。一年之后，只要看见像越国的人就很高兴了。人离家乡愈久，就会愈想念家乡，不是这样吗？如果有人被放逐到山林里，整天和野兽做朋友，有一天在山谷中忽然听到有人的脚步声，那他就会欣喜若狂了。如果来的人，竟是他的兄弟亲戚，你说那人不是要高兴得昏倒吗？"

女商听了，屏息静静地注视着徐无鬼。过了一会儿，徐无鬼又说道："大王太久没有听到亲切的话了。太久没有接近有道的真人了！"

**【点评】**

（一）大道如知己。闻大道，如见知己般的喜悦。

（二）仁义、《六弢》（太公兵法，文、武、虎、豹、龙、犬六韬），并非大道，所以听久了，反而索然无味。

## 黄帝问道于牧童

黄帝带着方明、昌寓、张若、滑稽等六人，坐马车想到具茨（cí）山去见大隗（wěi）。

七圣在半路上，都迷路了。一时找不到可以问路的人。黄帝便向路边的牧童问说：“你知道具茨山在哪里吗？”

牧童说：“我知道啊！”

黄帝又问说：“你知道大隗在哪里吗？”

牧童说：“我知道啊！”

黄帝说：“奇怪啊！你不但知道具茨山，也知道大隗。那么你知道怎样治天下吗？”

牧童说：“治天下不就和牧马一样吗？只要把妨害马本性的去掉就好了。”

黄帝听了，便向牧童拜谢，尊之为“天师”。

**【点评】**

七圣迷路，到了具茨山还不知道。黄帝听了牧童的话，才知已到具茨山。那么牧童是谁呢？

## 九方歅论相

子綦有八个儿子。有一天，他请了九方歅（yīn）来替八子看相。

九方歅看了以后，对子綦说：“你的八个儿子，名字叫作梱的相最好。”

子綦说：“梱的相，为什么最好？”

九方歅说：“他将来终身和国君同坐同食。和国君同坐同食，可以泽被宗族，不是很好吗？”

子綦听了，放声大哭。

九方歅说：“你这做人爸爸的怎么这样没福气，儿子的命相好，你反而哭个什么劲？”

子綦说：“不养羊的人，家里忽然跑出一只羊；不打猎的人，家里忽然跑出一只鹌鹑，这是不好的怪兆啊！”

不久，梱要到燕国去，半路上被强盗捉去了。强盗说：“不如把他的脚砍了，这样不会跑掉。”梱的脚就被强盗砍掉了。然后，梱被卖到齐国去。

梱在齐国，替渠公看门户，终身肉食。

**【点评】**

（一）世俗捡来的幸福，有道的人认为是累赘。

（二）九方歅又作九方皋。见《列子》。

## 吴王射巧猿

吴王渡江，来到一座山上。

山上很多猴子。那些猴子，见有生人来了，便纷纷躲入深山里去了。只有一只猴子，在树枝上跳来跳去，不怕生人。

吴王见了，便张弓射去。那猴子很灵巧，一闪就躲开了。吴王连射几箭，都奈何不了它。

于是吴王叫左右一起放箭，转眼之间，那猴就被射死了。

吴王对颜不疑说："这猴子虽然灵巧，但是就因为夸耀灵巧，所以伤了性命。"

颜不疑回去以后，便拜董梧为师，三年不出门，以去除骄色。

**【点评】**

本领不可夸，智慧不可耀。老子说："和光同尘。"便是劝人自晦光芒。

# 则阳第二十五

## 蜗牛角上的两国

魏惠王和齐威王互相结盟。不久，齐王首先背约，魏王大怒，便想出兵惩罚他。

那时惠子正在魏国，便叫戴晋人去见魏王。

戴晋人对魏王说：“有个叫作蜗牛的小动物，大王知道吗？”

魏王说：“知道啊！”

戴晋人又说：“有个建国在蜗牛的左角上的人叫作触氏。另有个建国在蜗牛的右角上的人叫作蛮氏。触氏和蛮氏经常为了争夺土地，互相攻战，死伤的人动辄数万以上。追亡逐北，也常常半个月以后才回来。”

魏王说：“你这是胡说吧！哪有这种事？”

戴晋人说：“大王以为我是胡诌吗？让我证实给你看吧。天地四方有穷尽吗？”

魏王说：“没有穷尽。”

戴晋人说："好哇！在天地之中有个魏国，魏国中有个大梁城，大梁城中有个宫殿，宫殿中有个大王。那么大王和蜗牛角上的蛮氏有什么分别吗？"

魏王听了，惆怅良久，不能回答。

【点评】

这比喻很精彩。世人争地、争利，在有道的人看来，就像蜗牛角上的触氏和蛮氏在角斗一样。

## 谁是盗贼?

柏矩追随老聃学道。

有一天，他对老聃说："让我到天下各地去游历吧！"

老子说："算了吧！天下到处不都一样吗？"

柏矩过了几天，又再请求。

老子说："你要先到哪里去呢？"

柏矩说："我先去齐国看看吧。"

柏矩一踏入齐国的郊外，第一个看见的事物便是一具罪人的尸体。

柏矩一看，便跪下去把他扶起来，把自己的衣服披在他的身上，放声大哭说："哎呀！天下最大的灾害，你先遇上了！

真可怜啊！国法上说：‘不要去做强盗，不要去杀人。’但是，谁在做强盗？谁在杀人呢？强盗杀人的行为，要责备谁才好呢？”

**【点评】**

（一）这段话很沉痛地控诉了“谁是大盗？”

（二）这世上要太平，只有人人超越私心才行。但是，在这世上，往往是做国君的先有私心，那便是率先做坏事了，哪能叫百姓不做坏事呢？春秋战国的局面，便是这样演变来的。

## 孔子质询太史

孔子有一次质问三个太史说：“卫灵公生平喜欢饮酒作乐，不管政事，而且常常只顾打猎，不参加诸侯的会盟。那他为什么谥为灵公呢？”

第一个太史大弢说：“灵本来就是无道的谥号啊！”

第二个太史伯常骞说：“灵公有三个妻子，常共享一个澡盆在一起洗澡。有一次史鰌有急事去找灵公，见灵公正在男女共浴。而灵公立刻叫人把史鰌手上的公文接了下来，并且派人恭恭敬敬地扶他出去。这样看来，灵公对贤人还是尊敬的，所以谥为灵公啊！”

第三个太史狶（xī）韦说："灵公死后，卜葬在祖先的墓地，不吉利。卜葬在沙丘才吉利。当要葬在沙丘的时候，掘地数尺，就挖到一具石棺，上面刻有铭文说：'不要靠子孙做棺材，灵公就用这具棺材好了。'这样看来，灵公的灵是前定的，所以谥为灵啊！"

【点评】

（一）卫灵公之无道，太史愈描愈黑。庄子讽刺之意，十分显豁。

（二）卫灵公无道，按照谥法，便不应谥为灵。谥为灵就是欺骗天下人。

（三）孔子是"作《春秋》而讨天子"的。所以庄子借他的怀疑来正告世人不可诈欺。

## 环中之道

冉相氏悟出了环中之道，以应无穷之变。

万物没有过去，没有现在，没有未来。

形体与万物相合，真我不须臾离开。

效法自然，而不有心效法自然。

没有自然的观念，也没有人的观念。

**【点评】**

得道者的心态。不空不有。

# 外物第二十六

## 庄周贷粟

庄周家里贫穷。有一次去向监河侯借粟米。

监河侯说："好。但是我现在没有钱，等我向百姓收到税钱以后，再借你三百金好吗？"

庄子说："我昨天来的时候，半路上有人叫我。我回头一看，原来是路边的洼地有一条鱼，快要渴死了。它说：'你给我一点水喝好吗？'我说可以呀，但是我现在没有水，等我去南游吴越，向吴王越王请求引西江的水来迎接你回归大海吧。那鱼听了，勃然大怒：'那你不如明早到卖鱼干的店铺去找我吧！'"

**【点评】**

理不在大小，但要恰如其分才好。夸大而不合理，便一无是处了。

## 任公子钓大鱼

任公子做大钩和巨索，用五十条阉过的牛做鱼饵，蹲在会稽山上，投竿东海钓大鱼。

他在山上大约守了一年，才有一条大鱼来吃饵。那条大鱼上钩以后，在海中卷起的波浪像山一样高。海水震动呼啸，千里之外，仍感威势惊人。

任公子把大鱼钓上来以后，切成鱼片，制成干肉，从浙江以东，苍梧以北的人都吃饱了。

那些喜欢传说的人，听了任公子的故事，无不奔走相告，引为奇谈。

至于那些经常拿着小鱼竿钓小鱼的人，听了任公子的故事，他就根本不相信了。

**【点评】**

（一）小儒不能通大道。庄子故意编造钓大鱼的任公子来提醒世人，不要被小道所误。

（二）道不在大，能通则大。

## 儒生盗墓

有两个儒生为了研究《诗》、《礼》，便去盗掘古墓。

一个年纪较大的儒者，站在墓坑上面传话道："喂，挖得怎么样了？太阳快要出来了呀！"

在坟墓底下工作的小儒说道："快啦！快啦！衣裙就要脱下来了！《诗》上不是说过：'青青的麦子，长在山坡上。活着的时候，不肯布施人家，死了却含着珠子干嘛？'等一下，让我拿小铜锤敲敲他的下巴，慢慢张开他的嘴巴，不要弄坏了他含的珍珠。"

**【点评】**

（一）讽刺读书人的无耻。为了研究《诗》、《礼》盗墓，也是"盗"。

（二）讽刺读书人的顽固愚蠢，古迹不是大道。古物能证明什么呢？

## 灵验的白龟

有一天在半夜里，宋元君梦见有人披头散发，从屋檐下伸进头来偷看他。

那人对宋元君说："我是清江使者，本来要到河伯那里去，半路上不小心被渔夫余且捉去了。"

宋元君梦醒之后，便叫人占卜解梦。占卜的人说："那人是一只神龟变的。"

宋元君又问道："那儿有个渔夫叫作余且的吗？"

左右回答说："有的。"

宋元君说："明天叫余且来。"

第二天，余且来了，宋元君问道："你最近捕获了什么吗？"

余且说："我网到一只白龟，直径有五尺长。"

宋元君说："那么你把白龟献上来。"

白龟献来以后，宋元君想放了它，又想杀了它。一时不能决定，便叫人来占卜。占卜的人说："杀了龟，用龟骨来占卜，吉利。"于是宋元君便杀了白龟，用来占卜七十二次，每次都灵验无比。

孔子因此说道："神龟能托梦给宋元君，却不能避开余且的网。它的智慧能够卜七十二次全都灵验，却不能免除杀身之祸。这是小聪明，不是大智慧的缘故啊！"

**【点评】**

小智慧有所见，有所不见，因为他有所蒙蔽。所以人要有大智慧。大智慧就是无漏的智慧。无漏就是观照圆满。

## 自然的用

惠子对庄子说："你说的话没有用？"

庄子说："你知道没有用，才可以跟你谈用。"

惠子说："怎么讲？"

庄子说："比如说这一块大地，你所用的只是脚下立足的那一小块而已。但是如果把立足以外的地，通通挖掉，一直挖到黄泉，那么你所立足的那小块地还会有用吗？"

惠子说："没有用了。"

庄子说："那么没有用的用处也就很明显了。"

**【点评】**

（一）有用还须假借无用而成，这才合乎自然之用的道理。世人多不明此理。

（二）世人所认为的有用，往往只见其小用，自然之用才是大用哩。

## 得鱼忘筌

筌这种捕鱼器是用来捕鱼的。捉得鱼以后，筌就可以舍弃了。捕兽器是用来捉兔子的。捉到兔子以后，捕兽器便可以舍弃了。

言语文字是用来传达思想的。意思已经传达了以后，言语文字便可舍弃了。

**【点评】**

（一）本篇意义非常重要，读书人尤其要好好领会。

（二）本篇的原文是：

筌者所以在鱼，得鱼而忘筌。

蹄者所以在兔，得兔而忘蹄。

言者所以在意，得意而忘言。

（三）“筌”有的版本作“荃”，是捕鱼的鱼篓子，鱼能入不能出。“得鱼忘荃”亦通。

（四）“蹄”是用来绊兔子脚的捕兽器。

（五）本篇文学家、艺术家、思想家常常引用，已成非常普遍的典故。所以在此把原文录出供作参考。

# 寓言第二十七

## 无牵无挂的人

曾子第二次出来做官的时候，心情上又有了新的变化。

曾子说：“我第一次做官的时候，俸禄只有三釜米，但是我心中很快乐，因为那时我双亲还在。现在我的俸禄虽然提高到三千钟的米，但我的双亲已经不在了，所以我心里很难过。”

孔子的弟子知道了这件事，便问孔子：“像曾参这样，可以算是没有牵挂的人吗？”

孔子说：“他对于俸禄是没有牵挂，但是他还是有别的牵挂啊！一个真正没有牵挂的人，他会有哀乐吗？对于三釜或三千钟的俸禄，那就等于是鸟雀蚊虫从他身边飞过去一样，他更不会记挂了。”

**【点评】**

有哀乐的人，不能算是没有牵挂。我们的牵挂有多少？

## 得道的阶段

颜成子游对南郭子綦说："自从我追随夫子学道以来，第一年心如野马，第二年才开始收敛，第三年心无挂碍，第四年混同物我，第五年大众来归，第六年通鬼神，第七年顺乎自然，第八年忘去生死，第九年大彻大悟。"

**【点评】**

（一）这是说明修道的心路历程。

（二）第一年心如野马，这观念很要紧。修道的人，一开始不要过分勉强收敛，先让他跑，跑倦了再来收敛，便事半功倍。第一年就想收敛的人，往往十年下来还是心如野马。

## 杨朱学道

杨朱想和老子学道。在梁的郡外，杨朱见到了老子。

老子一看到杨朱就叹息说："你这人真是无可救药。"杨朱听了，不敢讲话。

到了旅舍以后，杨朱恭恭敬敬地替老子准备好毛巾脸盆，侍候老子以后，才伏在地上向老子请罪。

老子说："你那一副跋扈的样子，人家见了你都会害怕。你还想修什么道？”

杨朱听了，赶快自我反省，说道：“我一定遵从老师的指教。”

杨朱初到旅舍的时候，主人非常害怕得罪他，客人也不敢和他住在一起，纷纷让位避开。

但是，杨朱要离开旅舍的时候，态度大为改变，旅舍的人都和他很亲热，甚至和他抢位子了。

**【点评】**

修道的人，首先要去掉矜持骄态。心不虚，哪能容道呢？

## 孔子六十岁的变化

孔子行年六十岁而有六十岁的变化。从前认为对的，现在不敢说是对的了。现在认为对的，也不敢说是五十九年的不对了。

惠子问庄子说：“孔子到现在还是使用知识、劳苦心智吗？”

庄子说：“孔子早就超越这个境界了。他认为明辨是非，不过是服人之口而已，不能服人之心。如要使人心服，必须合乎自然的大道才行。”

**【点评】**

使用知识、劳苦心智，是一种较低的层次。智者应该超越这个层次。所以庄子说："孔子谢之矣！"

# 让王第二十八

## 颜阖搬家了

鲁君听说颜阖是一个有道的高人，便派了使者去聘请他。

颜阖住在简陋的巷子里面，穿着粗麻制的大衣，亲自在喂牛。

使者来到颜阖家门口，问说："这是颜阖的家吗？"

颜阖说："是啊，这是我颜阖的家啊！"

使者就把鲁君托他带的金帛礼物奉上。颜阖说："先生恐怕弄错了吧！请你回去重新打听一下好吗？不然送错了人，你回去还要挨骂哩！"

使者见颜阖这副穷酸相，心中已经半信半疑。于是只好带着礼物回去了。

使者回去以后，不久又赶了回来。但是使者到了颜阖家，颜阖却早已走了。

【点评】

大智慧者不以外物自累。金帛礼物在颜阖看来，正是名缰利锁，所以便逃之夭夭了。

## 列子面有菜色

列子住在郑国，非常贫穷。

有个客人，见列子面有菜色，好可怜的样子。他就跑去对宰相郑子阳说："列子是有道之士啊，他住在郑国，这么贫穷，难道你不怕人家骂你不爱贤士吗？"

郑子阳一听，就叫人送了一些公家的米给列子。

使者来见列子，送上米，列子不受。使者走了以后，列子的妻子便责骂他说："我听说和有道的人住在一起，生活会很快乐。但是我和你住一起，却难过得很。刚才相国派人送米给你，这是相国的好意啊，你为什么不肯接受呢？"

列子笑着说："相国送我米，并不是他真正了解我而送我米。他是听了人的话，才送我米的。你想想看，相国能听人家一句话便送我米，那么将来谁保证他能不听人家的话来加罪于我呢？"

后来，郑子阳乱政，果然被百姓所杀。

【点评】

（一）“赵孟能贵之，赵孟能贱之”。大智慧者，自贵自贱，别人不能使你贵贱。

（二）世俗之人，多只看眼前的蝇头小利，不知未来的滔天大祸，有道之人必须通达观照。

## 屠羊人不厌羊骚味

楚昭王逃亡的时候，屠羊说（yuè，屠羊的人，名叫说）追随昭王一起流亡。

吴军退去以后，昭王返国，封赏那些患难的功臣。屠羊说也在封赏之列。

昭王派人去找屠羊说。

屠羊说对使者说道：“大王逃亡的时候，我也放弃了屠羊。现在大王返国，我已恢复了屠羊的职位。我有什么好封赏的呢？”

使者说：“你追随大王流浪，也很辛苦啊。就算接受一点封赏，也不过分啊！”

屠羊说道：“大王逃亡，不是我的罪过。大王返国，也不是我的功劳。我既不受处罚，也不接受封赏。”

使者还报昭王。

昭王说：“那就叫屠羊说来见我吧！”

使者只好再去找屠羊说。

屠羊说道：“楚国的法律，要有大功受重赏的人，才得晋见大王。当吴军侵入郢都的时候，我的智慧不足以保住大王，我的勇气不足以杀退敌人。我逃亡的时候，其实也只是怕被吴人杀死，才逃走的。所以，我怎么能不顾国法而去见大王呢？”

使者没有办法，又去回复了昭王。

楚昭王听了以后，对司马子綦说：“这个屠羊的人，地位虽然很低，谈的道理却不同流俗哩。你去把他找来，让我给他卿相的位置吧。”

司马子綦便奉命去见屠羊说。

屠羊说道：“卿相的地位，当然比我屠羊的地位要高贵了。万钟的俸禄，也比屠羊的利润要高得多了。但是，我只是屠羊的人，我要这么高的位子，这么多的俸禄做什么呢？”

**【点评】**

（一）屠羊人追随楚王流亡，表面虽有侍奉之恩，其实也有怕死之意。吴军入郢，谁不怕死呢？

（二）屠羊人说的实话，暗示了楚王和世俗的互相欺骗。

（三）楚王的使者四次劝屠羊人受封赏，屠羊人四次都拒绝。这是庄子的一片苦心，要世人不要互相欺骗。

## 颜回不想做官

孔子对颜回说："回，你过来。我看你住得那么简陋，吃得那么坏，为什么不去做官？"

颜回说："老师，我不想做官啊！我在城里有五十亩薄田，可以有些收成，平日煮稀饭吃，也就够了。我城外还有十亩地，种些桑林，做衣服做鞋子也就有得穿了。其他空闲的时候，我就弹弹琴，跟老师谈谈大道。这样我就很满足了呀，何必再去做官呢！"

孔子说："很好啊！知足快乐的人就不会为利禄而劳苦了。"

**【点评】**

多余的物质，不必过分去追求，否则得不偿失。

## 子贡衣服雪白

原宪和子贡是孔子的学生。

原宪住在鲁国的时候，家徒四壁，屋顶会漏雨，门户有漏洞，但他都不在意。

子贡很会说话，做了大官，往来很神气。有一天，子贡来看原宪。他的大车子刚开到巷口，便卡住进不去了。子贡只好下车，步行而入。

子贡见原宪站在门外，鞋子的后跟都掉了，便问说：“你还是这么穷，近来身子好吗？”

原宪说：“我很好啊！”

子贡进去坐了下来，见地上有点潮湿，空气中有股霉味，心中颇不自安。

原宪笑道：“一个人太穷固然不好。但是为了迎合世俗而放弃理想，为了做坏事而假借仁义。这人的衣服虽然穿得雪白，车马也很华丽。我还是认为不如贫穷的好。”

子贡听了，很不好意思。

**【点评】**

（一）衣服雪白的人，不一定内心很清白。原宪教训子贡，便是指他因小失大。

（二）用贫穷来装饰清高，也是不必的。

（三）一个人与其做坏事而得富贵，不如守贫穷好些。

# 盗跖第二十九

## 孔子会见大盗

孔子和柳下季做朋友。柳下季有个弟弟叫作盗跖。盗跖有部众九千人，横行天下。

孔子对柳下季说：“做父亲的要管教儿子，做哥哥的要管教弟弟。如果不能做到这点，那要父子兄弟的关系做什么呢？现在你弟弟做大盗，横行天下，你却不能管教他，我不能不为你感到羞耻。请让我替你去劝劝他吧！”

柳下季说：“先生认为做父亲的，一定要能管教儿子。做哥哥的，一定要能管教弟弟。但是假使做子弟的就是不听父兄的管教，就像先生这么会说话，又有什么办法呢？”

孔子说：“那就让我去试试看吧！”

柳下季说：“我那弟弟，心如涌泉，意如飘风。他的强悍，可以做到绝不低头。他的辩才可以做到颠倒是非。如果你顺从他，他就很高兴。如果你拂逆他，他就勃然大怒。现在你如果去的话，他会把你的话倒过来，把你骂得狗血淋头，我看你还是不要去尝试吧！”

孔子不听，便叫颜回驾车，子贡随在旁边，一起上山去会大盗。

## 大盗的道理

孔子来到泰山下，只见盗跖和他的随从正在忙着炒人的心肝当点心吃。

孔子对盗跖的随从说道："烦请通报你们的将军，说鲁国人孔丘，素闻将军高义，特地前来拜访。"

那个随从立刻前去通报。盗跖听说孔子来了，气得哇哇怪叫，像是小老虎一样。然后他把两眼一瞪，灿若明星，头发根根倒竖而起。

盗跖怒道："你说什么孔丘来了！就是那个鲁国最虚伪巧诈的人吗？你替我传话给他：不要再妄称文武，搬弄是非，迷惑天下君主。不要再假借孝悌，欺骗士人，侥幸得到封侯的富贵。他的罪孽深重。趁早下山还来得及，不然我就把他的心肝拿来做午餐吃了！"

那随从把话告诉了孔子。孔子说道："对不起，烦请再通报一下。我是柳下季的好朋友，只来仰望将军而已。"

盗跖听说孔子不走，便叫他来相见。孔子俯身向前走，连连拜揖，盗跖却坐在石头上，两腿张开，手按宝剑，大声叱道："丘！你来吧！你说的话如果合我的意，我就放你走。如果不合我意，你就休想活着下山！"

孔子说："将军请暂息怒。我听说天下有三种美质。身材高大，美好无双，不论少长贵贱，见了他就喜欢，这是第一种的美质。智慧包罗天地，能分辨万事万物的道理，这是第二种的美质。勇敢果决，能聚集群众，率领兵卒，这是第三种美质。一个人只要具有以上任何一种美质，就足可南面称王了。现在将军一身而兼有这三种美质，身为八尺二寸，眼如明星，唇如激丹，牙齿像编贝，声音像黄钟，可是却称作盗跖，这不是太可惜了吗？将军如有意听我的浅见，我愿南使吴越，北使齐鲁，东使宋卫，西使晋楚。请他们为将军筑一座大城，尊将军为诸侯。让天下停止战争，父子重聚，共祭先祖。这是圣人才士的行为，也是天下共同的愿望啊！"

盗跖听了，大怒道："一个人可以用利禄去引诱，可以用言语去规劝的，都是一些凡夫俗子罢了！我高大美好，人人见了都喜欢，这是我父母给我的美质。你就是不提，我自己会不知道吗？而且，我也听说：喜欢在当面说好话的，就喜欢在背后说人家的坏话。你现在当面夸奖我，我怎敢相信你在背后不骂我呢？你说要给我一个最大的城，想用富贵来引诱我，但我岂不知道富贵只是过眼烟云呢？再说最大的城，没有比天下更大的了。尧舜拥有天下，他的子孙现在在哪里呢？汤武也曾经拥有天下，他的子孙现在又究竟在哪里呢？天下的事情，有大利就有大害，难道我还会不懂吗？你今天所谈的道理，都是我抛弃不要的谬论，狂妄而不可信。我看你还是赶快走吧！这些谬论，距离大道太远了！”

孔子听了以后，连连拜揖，不敢说话，下山以后，两眼茫然，手上拿的马缰绳掉了三次，伏在车子上面，大气都不敢喘一口。

孔子回到鲁国东门，又碰到柳下季。

柳下季见孔子气色败坏，便说道：“近来好吗？好几天没见到你了。看你风尘仆仆，好像有过远行的样子，莫非去见了我弟弟吗？”

孔子说：“是啊！”

柳下季说：“我弟弟是不是说话不合你的意思，冒犯了你？”

孔子仰天叹息道：“唉！我就像是一个没有病的人，却拿艾草来烧一样的愚昧！我匆匆忙忙地去拔老虎的胡子，几乎被老虎吃掉啊！”

**【点评】**

（一）本篇是庄子的讽刺。就像《论语》中的楚狂接舆、荷篠（diào）丈人、长沮、桀溺的讽刺孔子一样。

（二）孔子行仁义，当然不是欺诈。但庄子提醒世人：多少罪恶，是假借仁义之名而行之。这点我们不可不察。

（三）大盗杀人，毕竟有限。仁义如果被用做借口来杀人，那就是祸患无穷了。

（四）不要以为庄子在侮辱孔子。庄子是在讲道，不是在讲历史。

# 说剑第三十

## 赵王爱剑客

赵文王喜欢剑术，剑客都流浪到赵国来。宫廷内有三千多个剑客。

赵王日夜不停地要这些剑客比剑。三年下来，不知死伤了多少人，但赵王仍然乐此不疲。

诸侯见赵王日夜沉迷于剑术，认为有机可乘，便开始打算夺取赵国的土地。赵文王的太子知道诸侯的阴谋以后，忧心如焚，便决心请一个人出来劝阻赵王。

太子把他的计划秘密和左右商量，左右说："有一个人，如果能请得到，一定可阻止大王。"太子说："谁？"左右说："庄子。"

太子便派人去把庄子请来。

**【点评】**

世俗伤身的"利器"很多，酒、色、名、利、权力等都是。

剑术也是一种。庄子怕世人沉迷不悟，所以用比较明显的“伤身利器”来讲大道。

## 大剑客庄子

庄子见了太子，说道：“听说太子对大王的沉迷剑术，很伤脑筋，是吗？”

太子蹙着眉头说：“是啊！”

庄子说：“那就让我去见机行事吧！”

太子说：“好是好。但是现在大王心目中只有剑客。剑客以外的人，他都不接见哩！”

庄子说：“没问题啊！我的剑术也不同凡响！”

太子说：“可是还有一个问题。大王所喜欢的剑客，都是满头乱发，说话粗里粗气。要比剑的时候，头盔都压着眉毛，两眼瞪着像死鱼眼一样。大王认为这样才有剑客的气派。先生却一派文绉绉的样子，大王不会喜欢你啊！”

庄子说：“那就替我做一套剑客的服装吧！”

于是太子替庄子做了一套剑客的服装，调息三日，才和太子一同往见赵王。

【点评】

庄子形容剑客的模样，生动而令人发笑。世俗之人，自以为“勇士”的，往往便是这样可笑啊！这些人硬是糊里糊涂地把自己的脖子往剑锋上面送，你说可怜不可怜呢？

## 庄子三剑

庄子来到宫殿门前，缓缓地走进殿门，到了赵王的面前也不下拜。

赵王见庄子一副粗里粗气的样子，心中怪喜欢的。便故意问道：“你的剑术很好吗？怎敢劳动太子为你引见呢？”

庄子大声说道：“我的剑术千里之内，没有人能阻挡。如果有人阻挡，我十步之内就杀一个人！”

赵王一听，喜得跳起来，说道：“那你是天下无敌了！”

庄子说：“善于击剑的，要先故意露出自己的破绽引诱敌人看。当敌人一剑刺来的时候，我已意在剑先。趁着敌人门户大开的时候，身剑合一，剑出如风，我敢说我的剑术，只要一动手，敌人没有不躺下的。大王如果要一开眼界，现在就让我试剑吧！”

赵王连忙摆手阻止说：“不！不。你的剑术太高了，不可随意显露。请你回府中休息，七天之后，我再正式请你来参加比剑大会。”

于是赵王乃精选他的剑士，较量了七天，死伤六七十人，然后选了五六个造诣最高的，来和庄子比剑。

比剑的那天，庄子来了。

赵王说："今天请你比剑好吗？"

庄子说："我已渴望很久了。"

赵王说："那么你要用多长的剑呢？"

庄子说："我用的剑，长短随意，但我有三种不同的剑，请大王选择，然后我再比剑。"

赵王说："你有哪三种剑？"

庄子说："我有天子之剑、诸侯之剑、庶人之剑这三种剑。"

赵王说："天子之剑怎样？"

庄子说："天子之剑是用燕溪、石城做剑锋，以齐国泰山做剑棱；以晋国、魏国做剑刃，以周和宋地做剑环，以韩国、魏国做剑把，以四夷做剑鞘，以渤海做剑穗。这把剑拔出来，向上可以劈开浮云，向下可以斩断地根，天下无人不服。这叫作天子之剑。"

赵王又问："那诸侯之剑呢？"

庄子说："诸侯之剑，以聪明勇敢的人做剑锋，以清廉的人做剑棱，以贤良的人做剑刃，以忠圣的人做剑环，以豪杰的人做剑把。这把剑一用，四境宾服，如雷霆威震四方。这叫诸侯之剑。"

赵王再问道："那庶人之剑又怎样呢？"

庄子说："庶人之剑，是满头乱发，说话粗里粗气，比剑的时候，头盔压得很低，两眼瞪着像死鱼一样。这种剑一出手，上砍敌人的首级，下刺敌人的心脏，就和斗鸡无异。一旦性命送掉了，对国家就再不能出力了。现在大王喜欢庶人之剑，我看是太可惜了！”

赵王听了，面如死灰，茫茫地坐在那里，不知如何是好。

**【点评】**

赵王沉迷剑术，不明大道。所以庄子示以大道，赵王一时大挫，便陷入思索中慢慢醒悟过来。

## 剑客死光了

赵王听了庄子三剑以后，终于明白了过来。

于是，他亲自走了下来，牵着庄子的手，登上大殿，对剑客们说道：“今天比剑的事，到此为止。你们通通退下。”

赵王替庄子准备了大餐，请庄子上座，而他自己却绕着桌子绕了三圈，心气一直定不下来。

庄子说：“大王请定下心来，坐下吧。剑术的事，我已说完了，就此告辞。”

从此以后，赵王再也不谈剑术。三个月不出宫门一步。那些剑客，见赵王再也不理他们，心中气愤难忍，便统统拔剑自杀了。

**【点评】**

（一）庄子再度提醒："剑术伤身。"小道伤身，不足为恃，世人不可不明。

（二）剑客死光了，他们是勇敢呢，还是愚蠢呢？

# 渔父第三十一

## 孔子游黑森林

孔子来到一片黑森林游玩。他的弟子在身边读书，他坐在大石上弹琴唱歌。

孔子的歌唱了一半，看见有个渔父下船走过来。那渔父的白眉毛、白胡子垂了下来，头发披散在肩膀上，两手垂在衣袖里面。渔父在草地上缓缓地走着，到了距孔子不远的地方，就蹲了下来，用右手托着腮，仔细地听孔子唱的歌。

渔父听完了孔子的歌，就站了起来，用手招子贡和子路。

渔父问道："那唱歌的是什么人哪？"

子路说："他是鲁国的君子啊！"

渔父说："他的家族是什么？"

子路说："他的家族是孔氏。"

渔父说："孔氏是做什么的呢？"

子路说："他是讲仁义礼乐。上以忠心事主，下以感化百姓，使天下太平的人哪。”

渔父说：“那么他是有封地的君子吗？”

子贡说：“不是。”

渔父说：“那么他是诸侯的大臣吗？”

子贡说：“也不是。”

渔父听了，大笑说：“像他这样辛苦，也真是可叹啊！他这样子下去，恐怕离开大道会愈来愈远哩！”

渔父说完便走了。

## 八病四患

子路和子贡把渔父的话告诉孔子。

孔子便推开琴站了起来。说道：“那渔父是个大智慧的人啊！”

说着便向渔父的方向走去。到了湖边，渔父正要上船。渔父回头见孔子来了，便站在湖边。

孔子来到渔父前面，先后退几步，再前进几步，向渔父深深地行了个礼。

渔父问道：“你有什么要求吗？”

孔子说：“刚才听先生说话，好像没有说完便走了。我很愚昧，想请先生再指教。”

渔父说：“那你真是好学啊！”

孔子说：“我从小就很好学，今年六十九岁了，还没有听得大道，我敢不虚心吗？”

渔父说：“人有八种毛病、四种忧患，不可不察哩。”

孔子说：“先请问什么是八种毛病？”

渔父说：“做不是你应该做的事，这叫作摠（zǒng）。人家不相信你的话，偏偏说个没完，这叫作佞。揣摩顺从人家的心意，去说一些人家喜欢听的话，这叫作谄。不问是非，只是附和人家的话，这叫作谀。喜欢说人家的短处，这叫作谗。拆散人家的交情，这叫作贼。称誉奸诈的人，排斥自己厌恶的人，这叫作慝（tè）。不分善恶，两面讨好，使人喜欢，这叫作险。这八种毛病，对外则扰乱别人，对内则伤害真我。这是有智慧的人所不愿接近的。”

孔子仔细听了，又问道：“那什么是四种忧患呢？”

渔父道：“好做大事，以求功名，这叫作叨。妄作聪明，擅自行事，只用自己的主意，不顾侵犯人家的，这叫作贪。看出自己的过失而不改，听了别人的劝谏反而火上浇油，这叫作狠。和自己意见相同的，就认为对；和自己意见不同，虽好也说不好，这叫作矜。一个人有这四种忧患的，就很难和他谈大道了。”

孔子听了，愀然变色，再三拜揖而去。

**【点评】**

庄子劝人修大智慧，不要犯八病：摠、佞、谄、谀、谗、贼、慝、险。不要犯四患：叨、贪、狠、矜。这八病四患，是世人最常见的过失。要样样免除，并不是容易的事。

## 讨厌影子的人

有一个人，他讨厌自己的影子。

当他走路的时候，看见影子紧跟在身后，便愈走愈快。但是，他走得愈快，影子也追得愈紧，他以为自己走得不够快，便发足狂奔，竟累死了。

**【点评】**

世上不明大道的人，他的行为，在大智慧的人看来，就像这个讨厌影子的人一样。其实要摆脱影子，很简单，只要在树荫下休息就好了。世人多在狂奔而不肯休息，这是为什么呢？

## 讨厌脚迹的人

有个人，他很讨厌自己的脚迹。

当他走路的时候，为了摆脱自己的脚迹，便愈走愈快。但是，他走得愈快，脚迹愈多，最后便累死了。

# 列御寇第三十二

## 屠龙之技

朱泙漫向支离益学习屠龙之技。他耗尽了千金的家产，花了三年的时间才学成。

但是，他下山以后，走遍了天下，找不到一条龙。

**【点评】**

（一）朱泙漫空想而不切实际。他的剑术究竟能屠龙，还是只能屠狗，谁知道？

（二）世上人为的技巧，不管你认为多高明，在有道的人看来，都是无用的。

（三）“屠龙之技”已成常用的典故。

## 打碎龙珠

有人去游说宋王，宋王给他十辆马车。那人就拿十辆马车来向庄子夸耀。

庄子说："黄河边上有个穷人家，靠编织营生。有一天，他的儿子潜到深渊底下，找到一颗龙珠，拿给他的父亲看，他的父亲说：赶快拿去打碎，我不要这龙珠。他儿子说：这颗龙珠千金都买不到，为什么要打碎呢？他的父亲说：这样稀有的龙珠，一定在九重深渊的底下，黑龙出没的地方才会有。你能拿到这颗珠子，一定是刚好碰上黑龙睡着了。如果黑龙醒着，你还能活着回来吗？"

庄子停了一下，又说道："现在宋国的宫殿，就好像九重深渊，宋王的凶猛，就好比那条黑龙。你能拿到宋王的马车，必定是碰到他正在睡觉。如果宋王是醒着的，那你早已粉身碎骨了。"

**【点评】**

世人常为了珍奇的外物，忘了性命的危险，这是一种迷惑。潜入深渊而拿到一颗珠子，那太危险了。如果把性命送了，岂不太不值得了吗？

## 不做牺牲

有人想请庄子出来做官。

庄子说：“你没有看见过那养来做祭祀的牛吗？虽然每天吃的是刍草大豆，身上披的是纹彩刺绣。但是，有一天，当它被牵入太庙做牺牲的时候，它想回到野外，做一条孤独的牛也不可得了。”

【点评】

不要贪图山珍海味，做人家的牺牲品。仔细想想，便知道那是不值得的。

## 庄子快死了

庄子快要死了，他的弟子聚在一起商量，准备厚葬他，作为报答。

庄子笑着说：“那又何必呢？我死后，用天地做棺椁，用日月做双璧，用星辰做珍珠，用万物做礼品，我的葬仪不是最完备了吗？还有什么葬仪比这更好的呢？”

弟子们说道：“我们是担心老师被乌鸦、老鹰吃掉啊！”

庄子说：“在地上，会被乌鸦、老鹰吃掉。在地下，会被蛞蝼、蚂蚁吃掉。你们为什么要从乌鸦、老鹰的嘴里，抢过来给蛞蝼、蚂蚁吃呢？这不是太偏心了吗？”

【点评】

死亡是一种自然。肉体的消散、变化就交给大自然去处理吧！何必看不通呢?

## 知道不可说

庄子说:“知道容易。不说出来却就困难了。知道而不说，便是与自然的大道合为一。知道而说了出来，便是与自然的大道分为二。因为大道是自然的，说却是人为的。古代知道的人，都是合于自然而不做人为的事。”

【点评】

大道不能用言语表达。所以老子也说:“道可道，非常道。”

## 泛若不系之舟

巧妙的人多劳苦。聪明的人多忧愁。无能的人无所求，吃饱了便到处逍遥，好像是一条没有绳索系住的空船，在水面上摇呀摇的，自由自在。

**【点评】**

庄子提醒世人：聪明巧妙往往带来无穷的累赘。这些系累世人常不自觉。

## 列子露了形迹

伯昏无人去看列子。只见列子的门外，鞋子都排满了。

伯昏无人在门外站着，把脸颊靠在杖头上，站了一会儿，他就走了。

有人立刻进去报告列子。列子提了鞋子，来不及穿上，赤脚便追了出来。伯昏无人见列子追来了，便停下了脚步。

列子问道："老师既然来了，为什么不进来指教弟子呢？"

伯昏无人道："算了吧！我早就告诉你要葆光，不要露了形迹，现在你能让人来归附你，却不能使人不归附你，这便是你露出了与众不同的痕迹啊！"

**【点评】**

伯昏无人叫列子要"葆光"。葆光就是和光同尘、光而不耀的意思。列子却偏偏光芒外露，引来了许多的人，这是小聪明而不是大智慧。

# 天下第三十三

## 方术和大道

天下研究方术的人是很多了。他们都把方术当做大道，自以为自己的境界已和大道合而为一了。

其实方术只是大道的一部分，哪里就是大道呢？古代所谓的大道在哪里呢？道是无所不在的。

**【点评】**

方术和大道不同。墨子、宋钘（xíng）、彭蒙、慎到、惠施等人的学术，都是方术而已。只有关尹、老聃、庄周的道术，才合乎大道。世人对于天下学术的宗派林立，割裂大道，不可不察。

## 关尹和老聃的道术

以根本为大，以万物为小。以有余为不足，不动不静地与神明合一。古代的道术有这一宗派。关尹、老聃知道了非常喜欢。他们建立了“常无”和“常有”，以“太一”做宗本。以懦弱谦下做外表，以空虚不坏做实质。

关尹说：“不要有心，万物自然显现。心动如水，心静如镜。这一动一静，就像山谷对声音的回响。他的心若有若无，若清若盲。”

老聃说：“知其阳刚，而守其阴柔，做天下的溪流。知其白，而守其黑，成为天下的幽谷。人都争先，我则退后。人都取‘实有’，我却取‘空无’。空无不积，所以能容大，所以不会不足。坚则碎，锐则挫，所以宁守柔守拙。”

庄子说：“关尹、老聃是古来的博大真人啊！”

**【点评】**

关尹、老聃不离大道的本质。所以庄子称之为博大真人。他们二人都是庄周的老前辈。

## 庄周的道术

空虚无形，变化无常。生死和天地合一，神明无所不在，万物罗列在我的面前，我要归向哪里呢？古来的道术有这一宗派，庄周听了就喜欢它。

庄周以无情无实，广大无限的话来讲述大道，变化无穷，不偏不中。他认为世俗混浊，不能对他们直接讲论正道，所以用无始无终的话来敷衍，以世俗重视的话来充实，以寄托的话来推广。他单独与天地往来，不傲视万物。他与世俗相处，也和光同尘，不责人是非。他的书瑰丽奇特，而宛转无伤于大道。他的文辞虽不修整，但滑稽可观。他是上与造化同游，下与超越生死的人做朋友。他的大道，因应变化，恍恍惚惚，是没有人能够彻底通晓其奥蕴的。

**【点评】**

庄周的道术，与自然合一，变化无穷。凡是为外物所累，不能忘情生死的人，都不能与造物为友，也不能与庄周为友。

## 惠施的方术有五车

惠施的方术很多，他的书可以装满五辆马车。他的道理杂而不纯，他的言辞奇而不中。

他所分析万物的道理，比如说：

最大的东西，是没有外围的。这叫作大一。最小的东西是没有内核的，这叫作小一。

没有厚度的东西，便不能堆积。但它的面可以延伸到数千里。

天和地是一样低的。山和泽是一样高的。

太阳刚到正中，同时便已偏斜。万物刚刚出生的时候，同时便是它死亡的时候。

南方没有穷尽，却也有穷尽。

今天刚到越国，从前却已来过了。

连环是可以解开的。

惠施拿这些道理和人家辩论。辩论家也就拿一些古怪的道理来相应。他们说：

卵有毛。

鸡有三只脚。

楚国的郢都，包罗天下。

犬可以是羊。

马有卵。

火不热。

山有口。

飞驰的车轮不接触地面。

眼睛看不见东西。

手指不能接触到东西，能接触到，便不会有距离。

龟比蛇要长。

矩不是方形的。

规不是圆形的。

飞鸟的影子不曾移动。

飞箭有不进不停的时候。

狗不是犬。白狗是黑的。

一尺的绳子，每天取一半，永远取不完。

这些辩论，只能服人之口，不能服人之心。如果要这样辩论下去，终身便没有穷尽了。

## 和影子竞走的人

惠施逞其智巧才能，放荡而无所得。他拼命追逐万物而不知道回头。

世人研究方术，也是如此。这就像一个人和自己的影子竞走一样啊，太可怜了！

# 附录　原典精选

莊子集釋卷一上

湘陰　郭慶藩　孟純　輯

內篇逍遙遊第一【釋文】內者對外立名說文篇書也字從竹從艸者草名耳非也【注】夫小大雖殊而放於自得之場則物任其性事稱其能各當其分逍遙一也豈容勝負於其閒哉慶藩案劉義慶世說新語文學類云莊子逍遙篇舊是難處諸名賢所可鑽味而不能拔理於郭向之外支道林在白馬寺中將馮太常共語因及逍遙支卓然標新理於二家之表立異義於衆賢之外皆是諸名賢尋味之所不得後遂用支理劉孝標注云向子期郭子玄逍遙義曰夫大鵬之上九萬尺鷃之起榆枋小大雖差各任其性苟當其分逍遙一也然物之芸芸同資有待得其所待然後逍遙耳唯聖人與物冥而循大變爲能無待而常通豈獨自通而已又從有待者不失其所待不失則同於大通矣支氏逍遙論曰夫逍遙者明至人之心也莊生建言大道而寄指鵬鷃鵬以營生之路曠故失適於體外鷃以在近而笑遠有矜伐於心內至人乘天正而高興遊無窮於放浪物物而不物於物則遙然不我得玄感不爲不疾而速則逍然靡不適此所以爲逍遙也若夫有

## 逍遥游第一

北冥有鱼，其名为鲲。鲲之大，不知其几千里也。化而为鸟，其名为鹏。鹏之背，不知其几千里也；怒而飞，其翼若垂天之云。是鸟也，海运则将徙于南冥。南冥者，天池也。

《齐谐》者，志怪者也。《谐》之言曰："鹏之徙于南冥也，水击三千里，抟扶摇而上者九万里，去以六月息者也。"野马也，尘埃也，生物之以息相吹也。

天之苍苍，其正色邪？其远而无所至极邪？其视下也，亦若是则已矣。

小知不及大知，小年不及大年。奚以知其然也？朝菌不知晦朔，蟪蛄不知春秋，此小年也。楚之南有冥灵者，以五百岁为春，五百岁为秋；上古有大椿者，以八千岁为春，八千岁为秋。而彭祖乃今以久特闻，众人匹之，不亦悲乎！

肩吾问于连叔曰："吾闻言于接舆，大而无当，往而不返。吾惊怖其言，犹河汉而无极也；大有径庭，不近人情焉。"

连叔曰："其言谓何哉？"

曰："藐姑射之山，有神人居焉，肌肤若冰雪，绰约若处子。不食五谷，吸风饮露。乘云气，御飞龙，而游乎四海之外。其神凝，使物不疵疠而年谷熟。吾以是狂而不信也。"

连叔曰："然。瞽者无以与乎文章之观，聋者无以与乎钟鼓之声。岂唯形骸有聋盲哉？夫知亦有之。是其言也，犹时女也。之人也，之德也，将旁礴万物以为一世蕲乎乱，孰弊弊焉以天下为事！之人也，物莫之伤，大浸稽天而不溺，大旱金石流土山焦而不热。是其尘垢粃糠，将犹陶铸尧舜者也，孰肯以物为事！"

## 齐物论第二

南郭子綦隐机而坐，仰天而嘘，荅焉似丧其耦。颜成子游立侍乎前，曰："何居乎？形固可使如槁木，而心固可使如死灰乎？今之隐机者，非昔之隐机者也。"

子綦曰："偃，不亦善乎，而问之也！今者吾丧我，汝知之乎？女闻人籁而未闻地籁，女闻地籁而未闻天籁夫！"

子游曰："敢问其方。"

子綦曰："夫大块噫气，其名为风。是唯无作，作则万窍怒呺。而独不闻之翏翏乎？山林之畏佳，大木百围之窍穴，似鼻，似口，似耳，似枅，似圈，似臼；似洼者，似污者；激者，謞者，叱者，吸者，叫者，譹者，宎者，咬者，前者唱于而随者唱喁。泠风则小和，飘风则大和，厉风济则众窍为虚。而独不见之调调，之刁刁乎？"

子游曰："地籁则众窍是已，人籁则比竹是已。敢问天籁。"

子綦曰：“夫吹万不同，而使其自已也，咸其自取，怒者其谁邪！”

昔者庄周梦为胡蝶，栩栩然胡蝶也。自喻适志与，不知周也。俄然觉，则蘧蘧然周也。不知周之梦为胡蝶与？胡蝶之梦为周与？周与胡蝶则必有分矣，此之谓物化。

## 养生主第三

公文轩见右师而惊曰：“是何人也？恶乎介也？天与，其人与？”曰：“天也，非人也。天之生是使独也，人之貌有与也。以是知其天也，非人也。”

老聃死，秦失吊之，三号而出。弟子曰：“非夫子之友邪？”曰：“然。”“然则吊焉若此可乎？”曰：“然。始也吾以为其人也，而今非也。向吾入而吊焉，有老者哭之，如哭其子；少者哭之，如哭其母。彼其所以会之，必有不蕲言而言，不蕲哭而哭者。是遁天倍情，忘其所受，古者谓之遁天之刑。适来，夫子时也；适去，夫子顺也。安时而处顺，哀乐不能入也，古者谓是帝之县解。”

指穷于为薪，火传也，不知其尽也。

## 人间世第四

叶公子高将使于齐，问于仲尼曰："王使诸梁也甚重，齐之待使者，盖将甚敬而不急。匹夫犹未可动，而况诸侯乎！吾甚栗之。子常语诸梁也曰：'凡事若小若大，寡不道以欢成。事若不成，则必有人道之患；事若成，则必有阴阳之患。若成若不成而后无患者，唯有德者能之。'吾食也执粗而不臧，爨无欲清之人。今吾朝受命而夕饮冰，我其内热与！吾未至乎事之情，而既有阴阳之患矣；事若不成，必有人道之患。是两也，为人臣者不足以任之，子其有以语我来！"

仲尼曰："天下有大戒二：其一，命也；其一，义也。子之爱亲，命也，不可解于心；臣之事君，义也，无适而非君也，无所逃于天地之间。是之谓大戒。是以夫事其亲者，不择地而安之，孝之至也；夫事其君者，不择事而安之，忠之盛也；自事其心者，哀乐不易施乎前，知其不可奈何而安之若命，德之至也。为人臣子者，固有所不得已。行事之情而忘其身，何暇至于悦生而恶死！夫子其行可矣！丘请复以所闻：凡交近则必相靡以信，远则必忠之以言，言必或传之。夫传两喜两怒之言，天下之难者也。夫两喜必多溢美之言，两怒必多溢恶之言。凡溢之类妄，妄则其信之也莫，莫则传言者殃。故法言曰：‘传其常情，无传其溢言，则几乎全。’且以巧斗力者，始乎阳，常卒乎阴，大至则多奇巧；以礼饮酒者，始乎治，常卒乎乱，大至则多奇乐。凡事亦然。始乎谅，常卒乎鄙；其作始也简，其将毕也必巨。夫言者，风波也；行者，实丧也。风波易以动，实丧易以危。故忿设无由，巧言偏辞。兽死不择音，气息茀然，于是并生心厉。剋核大至，则必有不肖之心应之，而不知其然也。苟为不知其然也，孰知其所终！故法言曰：‘无迁令，无劝成，过度益也。’迁令劝成殆事，美成在久，恶成不及改，可不慎与！且夫乘物以游心，托不得已以养中，至矣。何作为报也！莫若为致命。此其难者。”

匠石之齐，至于曲辕，见栎社树。其大蔽数千牛，絜之百围，其高临山十仞而后有枝，其可以为舟者旁十数。观者如市，匠伯不顾，遂行不辍。

弟子厌观之，走及匠石，曰：“自吾执斧斤以随夫子，未尝见材如此其美也。先生不肯视，行不辍，何邪？”

曰：“已矣，勿言之矣！散木也，以为舟则沉，以为棺椁则速腐，以为器则速毁，以为门户则液樠，以为柱则蠹。是不材之木也，无所可用，故能若是之寿。”

匠石归，栎社见梦曰：“女将恶乎比予哉？若将比予于文木邪？夫柤梨橘柚，果蓏之属，实熟则剥，剥则辱；大枝折，小枝泄。此以其能苦其生者也，故不终其天年而中道夭，自掊击于世俗者也。物莫不若是。且予求无所可用久矣，几死，乃今得之，为予大用。使予也而有用，且得有此大也邪？且也若与予也皆物也，奈何哉其相物也？而几死之散人，又恶知散木！”

匠石觉而诊其梦。弟子曰：“趣取无用，则为社何邪？”

曰：“密！若无言！彼亦直寄焉，以为不知己者诟厉也。不为社者，且几有翦乎！且也彼其所保与众异，而以义誉之，不亦远乎！”

## 德充符第五

鲁有兀者叔山无趾，踵见仲尼。仲尼曰：“子不谨，前既犯患若是矣。虽今来，何及矣！”

无趾曰：“吾唯不知务而轻用吾身，吾是以亡足。今吾来也，犹有尊足者存，吾是以务全之也。夫天无不覆，地无不载，吾以夫子为天地，安知夫子之犹若是也！”

孔子曰：“丘则陋矣。夫子胡不入乎，请讲以所闻！”

无趾出。孔子曰：“弟子勉之！夫无趾，兀者也，犹务学以复补前行之恶，而况全德之人乎！”

无趾语老聃曰：“孔丘之于至人，其未邪？彼何宾宾以学子为？彼且蕲以諔诡幻怪之名闻，不知至人之以是为己桎梏邪？”

老聃曰：“胡不直使彼以死生为一条，以可不可为一贯者，解其桎梏，其可乎？”

无趾曰：“天刑之，安可解！”

惠子谓庄子曰：“人故无情乎？”

庄子曰：“然。”

惠子曰：“人而无情，何以谓之人？”

庄子曰：“道与之貌，天与之形，恶得不谓之人？”

惠子曰：“既谓之人，恶得无情？”

庄子曰：“是非吾所谓情也。吾所谓无情者，言人之不以好恶内伤其身，常因自然而不益生也。”

惠子曰：“不益生，何以有其身？”

庄子曰：“道与之貌，天与之形，无以好恶内伤其身。今子外乎子之神，劳乎子之精，倚树而吟，据槁梧而瞑。天选子之形，子以坚白鸣！”

## 大宗师第六

泉涸，鱼相与处于陆，相呴以湿，相濡以沫，不如相忘于江湖。

颜回问仲尼曰：“孟孙才，其母死，哭泣无涕，中心不戚，居丧不哀。无是三者，以善处丧盖鲁国。固有无其实而得其名者乎？回壹怪之。”

仲尼曰：“夫孟孙氏尽之矣，进于知矣。唯简之而不得，夫已有所简矣。孟孙氏不知所以生，不知所以死；不知就先，不知就后；若化为物，以待其所不知之化已乎！且方将化，恶知不化哉？方将不化，恶知已化哉？吾特与汝，其梦未始觉者邪！且彼有骇形而无损心，有旦宅而无情死。孟孙氏特觉，人哭亦哭，是自其所以乃。且也相与吾之耳矣，庸讵知吾所谓吾之乎？且汝梦为鸟而厉乎天，梦为鱼而没于渊。不识今之言者，其觉者乎，其梦者乎？造适不及笑，献笑不及排，安排而去化，乃入于寥天一。”

意而子见许由。许由曰：“尧何以资汝？”

意而子曰：“尧谓我：‘汝必躬服仁义而明言是非。’”

许由曰：“而奚来为轵？夫尧既已黥汝以仁义，而劓汝以是非矣，汝将何以游夫遥荡恣睢转徙之涂乎？”

意而子曰：“虽然，吾愿游于其藩。”

许由曰：“不然。夫盲者无以与乎眉目颜色之好，瞽者无以与乎青黄黼黻之观。”

意而子曰：“夫无庄之失其美，据梁之失其力，黄帝之亡其知，皆在炉捶之间耳。庸讵知夫造物者之不息我黥而补我劓，使我乘成以随先生邪？”

许由曰："噫！未可知也。我为汝言其大略。吾师乎！吾师乎！齑万物而不为义，泽及万世而不为仁，长于上古而不为老，覆载天地刻雕众形而不为巧。此所游已。"

## 应帝王第七

啮缺问于王倪，四问而四不知。啮缺因跃而大喜，行以告蒲衣子。

蒲衣子曰："而乃今知之乎？有虞氏不及泰氏。有虞氏，其犹藏仁以要人；亦得人矣，而未始出于非人。泰氏，其卧徐徐，其觉于于；一以己为马，一以己为牛；其知情信，其德甚真，而未始入于非人。"

郑有神巫曰季咸，知人之死生存亡，祸福寿夭，期以岁月旬日，若神。郑人见之，皆弃而走。列子见之而心醉，归，以告壶子，曰："始吾以夫子之道为至矣，则又有至焉者矣。"

壶子曰："吾与汝既其文，未既其实，而固得道与？众雌而无雄，而又奚卵焉！而以道与世亢，必信，夫故使人得而相汝。尝试与来，以予示之。"

明日，列子与之见壶子。出而谓列子曰："嘻！子之先生死矣！弗活矣！不以旬数矣！吾见怪焉，见湿灰焉。"

列子入，泣涕沾襟以告壶子。壶子曰："乡吾示之以地文，萌乎不震不正。是殆见吾杜德机也。尝又与来。"

明日，又与之见壶子。出而谓列子曰："幸矣子之先生遇我也！有瘳矣，全然有生矣！吾见其杜权矣。"

列子入，以告壶子。壶子曰："乡吾示之以天壤，名实不入，而机发于踵。是殆见吾善者机也。尝又与来。"

明日，又与之见壶子。出而谓列子曰："子之先生不齐，吾无得而相焉。试齐，且复相之。"

列子入，以告壶子。壶子曰："吾乡示之以太冲莫胜。是殆见吾衡气机也。鲵桓之审为渊，止水之审为渊，流水之审为渊。渊有九名，此处三焉。尝又与来。"

明日，又与之见壶子。立未定，自失而走。壶子曰："追之！"

列子追之不及。反，以报壶子曰："已灭矣，已失矣，吾弗及已。"

壶子曰："乡吾示之以未始出吾宗。吾与之虚而委蛇，不知其谁何，因以为弟靡，因以为波流，故逃也。"

然后列子自以为未始学而归，三年不出。为其妻爨，食豕如食人。于事无与亲，雕琢复朴，块然独以其形立。纷而封哉，一以是终。

南海之帝为倏，北海之帝为忽，中央之帝为浑沌。倏与忽时相与遇于浑沌之地，浑沌待之甚善。倏与忽谋报浑沌之德，曰：

“人皆有七窍以视听食息，此独无有，尝试凿之。”日凿一窍，七日而浑沌死。

## 马蹄第九

马，蹄可以践霜雪，毛可以御风寒，龁草饮水，翘足而陆，此马之真性也。虽有义台路寝，无所用之。及至伯乐，曰：“我善治马。”烧之，剔之，刻之，雒之，连之以羁馽，编之以皁栈，马之死者十二三矣；饥之，渴之，驰之，骤之，整之，齐之，前有橛饰之患，而后有鞭筴之威，而马之死者已过半矣。陶者曰：“我善治埴，圆者中规，方者中矩。”匠人曰：“我善治木，曲者中钩，直者应绳。”夫埴木之性，岂欲中规矩钩绳哉！然且世世称之曰“伯乐善治马而陶匠善治埴木”，此亦治天下者之过也。

## 胠箧第十

将为胠箧探囊发匮之盗而为守备，则必摄缄縢，固扃鐍，此世俗之所谓知也。然而巨盗至，则负匮揭箧担囊而趋，唯恐缄縢扃鐍之不固也。然则乡之所谓知者，不乃为大盗积者也？

## 天地第十二

黄帝游乎赤水之北，登乎昆仑之丘而南望，还归，遗其玄珠。使知索之而不得，使离朱索之而不得，使喫诟索之而不得也。乃使象罔，象罔得之。黄帝曰：“异哉！象罔乃可以得之乎？”

## 天道第十三

桓公读书于堂上。轮扁斲轮于堂下，释椎凿而上，问桓公曰：“敢问，公之所读者何言邪？”

公曰：“圣人之言也。”

曰：“圣人在乎？”

公曰：“已死矣。”

曰：“然则君之所读者，古人之糟魄已夫！”

桓公曰：“寡人读书，轮人安得议乎！有说则可，无说则死。”

轮扁曰：“臣也以臣之事观之。斲轮，徐则甘而不固，疾则苦而不入。不徐不疾，得之于手而应于心，口不能言，有数存焉于其间。臣不能以喻臣之子，臣之子亦不能受之于臣，是以行年七十而老斲轮。古之人与其不可传也死矣，然则君之所读者，古人之糟魄已夫！”

## 天运第十四

商大宰荡问仁于庄子。庄子曰："虎狼，仁也。"

曰："何谓也？"

庄子曰："父子相亲，何为不仁？"

曰："请问至仁。"

庄子曰："至仁无亲。"

大宰曰："荡闻之，无亲则不爱，不爱则不孝。谓至仁不孝，可乎？"

庄子曰："不然。夫至仁尚矣，孝固不足以言之。此非过孝之言也，不及孝之言也。夫南行者至于郢，北面而不见冥山，是何也？则去之远也。故曰：以敬孝易，以爱孝难；以爱孝易，以忘亲难；忘亲易，使亲忘我难；使亲忘我易，兼忘天下难；兼忘天下易，使天下兼忘我难。夫德遗尧舜而不为也，利泽施于万世，天下莫知也，岂直太息而言仁孝乎哉？夫孝悌仁义，忠信贞廉，此皆自勉以役其德者也，不足多也。故曰，至贵，国爵并焉；至富，国财并焉；至愿，名誉并焉。是以道不渝。"

## 刻意第十五

刻意尚行，离世异俗，高论怨诽，为亢而已矣；此山谷之士，非世之人，枯槁赴渊者之所好也。语仁义忠信，恭俭推让，为修而已矣；此平世之士，教诲之人，游居学者之所好也。语大功，立大名，礼君臣，正上下，为治而已矣；此朝廷之士，尊主强国之人，致功并兼者之所好也。就薮泽，处闲旷，钓鱼闲处，无为而已矣；此江海之士，避世之人，闲暇者之所好也。吹呴呼吸，吐故纳新，熊经鸟申，为寿而已矣；此道引之士，养形之人，彭祖寿考者之所好也。

若夫不刻意而高，无仁义而修，无功名而治，无江海而闲，不道引而寿，无不忘也，无不有也，澹然无极而众美从之。此天地之道，圣人之德也。

## 秋水第十七

秋水时至，百川灌河，泾流之大，两涘渚崖之间，不辩牛马。于是焉河伯欣然自喜，以天下之美为尽在己。顺流而东行，至于北海，东面而视，不见水端，于是焉河伯始旋其面目，望洋向若而叹曰："野语有之曰，'闻道百以为莫己若者'，我之谓也。且夫我尝闻少仲尼之闻而轻伯夷之义者，始吾弗信；今我睹子之难穷也，吾非至于子之门则殆矣，吾长见笑于大方之家。"

北海若曰："井鼃不可以语于海者，拘于虚也；夏虫不可以语于冰者，笃于时也；曲士不可以语于道者，束于教也。今尔出于崖涘，观于大海，乃知尔丑，尔将可与语大理矣。天下之水，莫大于海，万川归之，不知何时止而不盈；尾闾泄之，不知何时已而不虚；春秋不变，水旱不知。此其过江河之流，不可为量数。而吾未尝以此自多者，自以比形于天地而受气于阴阳，吾在于天地之间，犹小石小木之在大山也，方存乎见少，又奚以自多！计四海之在天地之间也，不似礨空之在大泽乎？计中国之在海内，不似稊米之在大仓乎？号物之数谓之万，人处一焉；人卒九州岛，谷食之所生，舟东之所通，人处一焉；此其比万物也，不似豪末之在于马体乎？五帝之所连，三王之所争，仁人之所忧，任士之所劳，尽此矣。伯夷辞之以为名，仲尼语之以为博，此其自多也，不似尔向之自多于水乎？”

河伯曰：“然则吾大天地而小豪末，可乎？”

北海若曰：“否。夫物，量无穷，时无止，分无常，终始无故。是故大知观于远近，故小而不寡，大而不多，知量无穷；证向今故，故遥而不闷，掇而不跂，知时无止；察乎盈虚，故得而不喜，失而不忧，知分之无常也；明乎坦涂，故生而不说，死而不祸，知终始之不可故也。计人之所知，不若其所不知；其生之时，不若未生之时；以其至小求穷其至大之域，是故迷乱而不能自得也。由此观之，又何以知豪末之足以定至细之倪！又何以知天地之足以穷至大之域！”

河伯曰：“世之议者皆曰：‘至精无形，至大不可围。’是信情乎？”

北海若曰："夫自细视大者不尽，自大视细者不明。夫精，小之微也；垺，大之殷也；故异便。此势之有也。夫精粗者，期于有形者也；无形者，数之所不能分也；不可围者，数之所不能穷也。可以言论者，物之粗也；可以意致者，物之精也；言之所不能论，意之所不能察致者，不期精粗焉。

是故大人之行，不出乎害人，不多仁恩；动不为利，不贱门隶；货财弗争，不多辞让；事焉不借人，不多食乎力，不贱贪污；行殊乎俗，不多辟异；为在从众，不贱佞谄；世之爵禄不足以为劝，戮耻不足以为辱；知是非之不可为分，细大之不可为倪。闻曰：'道人不闻，至德不得，大人无己。'约分之至也。"

河伯曰："若物之外，若物之内，恶至而倪贵贱？恶至而倪小大？"

北海若曰："以道观之，物无贵贱；以物观之，自贵而相贱；以俗观之，贵贱不在己。以差观之，因其所大而大之，则万物莫不大；因其所小而小之，则万物莫不小；知天地之为稊米也，知豪末之为丘山也，则差数睹矣。以功观之，因其所有而有之，则万物莫不有；因其所无而无之，则万物莫不无；知东西之相反而不可以相无，则功分定矣。以趣观之，因其所然而然之，则万物莫不然；因其所非而非之，则万物莫不非；知尧桀之自然而相非，则趣操睹矣。昔者尧舜让而帝，之哙让而绝；汤武争而王，白公争而灭。由此观之，争让之礼，尧桀之行，贵贱有时，未可以为常也。梁丽可以冲城，而不可以窒穴，言殊器也；骐骥骅骝，一日而驰千里，捕鼠不如狸狌，言殊技也；鸱鸺夜撮蚤，察毫末，昼出瞋目而不见丘山，言殊性也。故曰，盖师是而无非，师治而无乱乎？是未明天地之理，万物之情者也。是犹师天而无地，师阴而无阳，其不可行明矣。然且语而不舍，非愚则诬也。帝王殊禅，三代殊继。差其时，逆其俗者，谓之篡夫；当其时，顺其俗者，谓之义之徒。默默乎河伯！女恶知贵贱之门，小大之家！”

河伯曰：“然则我何为乎，何不为乎？吾辞受趣舍，吾终奈何？”

北海若曰：“以道观之，何贵何贱，是谓反衍；无拘而志，与道大蹇。何少何多，是谓谢施；无一而行，与道参差。严乎若国之有君，其无私德；繇繇乎若祭之有社，其无私福；泛泛乎其若四方之无穷，其无所畛域。兼怀万物，其孰承翼？是谓无方。万物一齐，孰短孰长？道无终始，物有死生，不恃其成；一虚一满，不位乎其形。年不可举，时不可止；消息盈虚，终则有始。是所以语大义之方，论万物之理也。物之生也，若骤若驰，无动而不变，无时而不移。何为乎，何不为乎？夫固将自化。”

河伯曰：“然则何贵于道邪？”

北海若曰：“知道者必达于理，达于理者必明于权，明于权者不以物害己。至德者，火弗能热，水弗能溺，寒暑弗能害，禽兽弗能贼。非谓其薄之也，言察乎安危，宁于祸福，谨于去就，莫之能害也。故曰，天在内，人在外，德在乎天。知天人之行，本乎天，位乎得；蹢躅而屈伸，反要而语极。”

曰："何谓天，何谓人？"

北海若曰："牛马四足，是谓天；落马首，穿牛鼻，是谓人。故曰，无以人灭天，无以故灭命，无以得殉名。谨守而勿失，是谓反其真。"

庄子钓于濮水，楚王使大夫二人往先焉，曰："愿以境内累矣！"

庄子持竿不顾，曰："吾闻楚有神龟，死已三千岁矣，王巾笥而藏之庙堂之上。此龟者，宁其死为留骨而贵乎？宁其生而曳尾于涂中乎？"

二大夫曰："宁生而曳尾涂中。"

庄子曰："往矣！吾将曳尾于涂中。"

庄子与惠子游于濠梁之上。庄子曰："鯈鱼出游从容，是鱼之乐也。"

惠子曰："子非鱼，安知鱼之乐？"

庄子曰："子非我，安知我不知鱼之乐？"

惠子曰："我非子，固不知矣；子固非鱼也，子之不知鱼之乐，全矣。"

庄子曰："请循其本。子曰'汝安知鱼乐'云者，既已知吾知之而问我，我知之濠上也。"

## 至乐第十八

庄子妻死，惠子吊之，庄子则方箕踞，鼓盆而歌。

惠子曰："与人居，长子老，身死不哭亦足矣，又鼓盆而歌，不亦甚乎！"

庄子曰："不然。是其始死也，我独何能无概然！察其始而本无生，非徒无生也而本无形，非徒无形也而本无气。杂乎芒芴之间，变而有气，气变而有形，形变而有生，今又变而之死，是相与为春秋冬夏四时行也。人且偃然寝于巨室，而我嗷嗷然随而哭之，自以为不通乎命，故止也。"

列子行食于道从，见百岁髑髅，攓蓬而指之曰："唯予与汝知而未尝死，未尝生也。若果养乎？予果欢乎？"

## 达生第十九

颜渊问仲尼曰："吾尝济乎觞深之渊，津人操舟若神。吾问焉，曰：'操舟可学邪？'曰：'可。善游者数能。若乃夫没人，则而未尝见舟便操之也。'吾问焉而不吾告，敢问何谓也？"

仲尼曰："善游者数能，忘水也。若乃夫没人之未尝见舟而便操之也，彼视渊若陵，视舟之覆犹其车却也。覆却万方陈乎前而不得入其舍，恶往而不暇！以瓦注者巧，以钩注者惮，以黄金注者殙。其巧一也，而有所矜，则重外也。凡外重者内拙。”

## 山木第二十

庄子行于山中，见大木，枝叶盛茂，伐木者止其旁而不取也。问其故，曰：“无所可用。”庄子曰：“此木以不材得终其天年。”

夫子出于山，舍于故人之家。故人喜，命竖子杀雁而烹之。竖子请曰：“其一能鸣，其一不能鸣，请奚杀？”主人曰：“杀不能鸣者。”

明日，弟子问于庄子曰：“昨日山中之木，以不材得终其天年；今主人之雁，以不材死；先生将何处？”

庄子笑曰：“周将处乎材与不材之间。材与不材之间，似之而非也，故未免乎累。若夫乘道德而浮游则不然。无誉无訾，一龙一蛇，与时俱化，而无肯专为；一上一下，以和为量，浮游乎万物之祖；物物而不物于物，则胡可得而累邪！此神农黄帝之法则也。若夫万物之情，人伦之传，则不然。合则离，成则毁；廉则挫，尊则议，有为则亏，贤则谋，不肖则欺，胡可得而必乎哉！悲夫！弟子志之，其唯道德之乡乎！”

庄周游于雕陵之樊，睹一异鹊自南方来者，翼广七尺，目大运寸，感周之颡而集于栗林。庄周曰：“此何鸟哉，翼殷不逝，目大不睹？”蹇裳躩步，执弹而留之。睹一蝉，方得美荫而忘其身；螳螂执翳而搏之，见得而忘其形；异鹊从而利之，见利而忘其真。庄周怵然曰：“噫！物固相累，二类相召也！”捐弹而反走，虞人逐而谇之。

庄周反入，三月不庭。蔺且从而问之：“夫子何为顷间甚不庭乎？”

庄周曰：“吾守形而忘身，观于浊水而迷于清渊。且吾闻诸夫子曰：‘入其俗，从其俗’，今吾游于雕陵而忘吾身，异鹊感吾颡，游于栗林而忘真，栗林虞人以吾为戮，吾所以不庭也。”

## 田子方第二十一

列御寇为伯昏无人射，引之盈贯，措杯水其肘上，发之，适矢复沓，方矢复寓。当是时，犹象人也。

伯昏无人曰：“是射之射，非不射之射也。尝与汝登高山，履危石，临百仞之渊，若能射乎？”

于是无人遂登高山，履危石，临百仞之渊，背逡巡，足二分垂在外，揖御寇而进之。御寇伏地，汗流至踵。

伯昏无人曰：“夫至人者，上窥青天，下潜黄泉，挥斥八极，神气不变。今汝怵然有恂目之志，尔于中也殆矣夫！”

楚王与凡君坐，少焉，楚王左右曰凡亡者三。凡君曰："凡之亡也，不足以丧吾存。夫'凡之亡不足以丧吾存'，则楚之存不足以存存。由是观之，则凡未始亡而楚未始存也。"

## 知北游第二十二

东郭子问于庄子曰："所谓道，恶乎在？"

庄子曰："无所不在。"

东郭子曰："期而后可。"

庄子曰："在蝼蚁。"

曰："何其下邪？"

曰："在稊稗。"

曰："何其愈下邪？"

曰："在瓦甓。"

曰："何其愈甚邪？"

曰："在屎溺。"

东郭子不应。庄子曰："夫子之问也，固不及质。正获之问于监市履狶也，每下愈况。汝唯莫必，无乎逃物。至道若是，大言亦然。周遍咸三者，异名同实，其指一也。尝相与游乎无何有之宫，同合而论，无所终穷乎！尝相与无为乎！澹而静乎！漠而清乎！调而闲乎！寥已吾志，无往焉而不知其所至，去而来而不知其所止，吾已往来焉而不知其所终；彷徨乎冯闳，大知入焉而不知其所穷。物物者与物无际，而物有际者，所谓物际者也；不际之际，际之不际者也。谓盈虚衰杀，彼为盈虚非盈虚，彼为衰杀非衰杀，彼为本末非本末，彼为积散非积散也。”

## 徐无鬼第二十四

庄子送葬，过惠子之墓，顾谓从者曰：“郢人垩慢其鼻端若蝇翼，使匠石斲之，匠石运斤成风，听而斲之，尽垩而鼻不伤，郢人立不失容。宋元君闻之，召匠石曰：‘尝试为寡人为之。’匠石曰：‘臣则尝能斲之。虽然，臣之质死久矣。’自夫子之死也，吾无以为质矣，吾无与言之矣。”

## 则阳第二十五

魏莹与田侯牟约，田侯牟背之。魏莹怒，将使人刺之。

犀首闻而耻之曰：“君为万乘之君也，而以匹夫从仇！衍请受甲二十万，为君攻之，虏其人民，系其牛马，使其君内热发于背。然后拔其国。忌也出走，然后抶其背，折其脊。”

季子闻而耻之曰：“筑十仞之城，城者既十仞矣，则又坏之，此胥靡之所苦也。今兵不起七年矣，此王之基也。衍乱人，不可听也。”

华子闻而丑之曰：“善言伐齐者，乱人也；善言勿伐者，亦乱人也；谓伐之与不伐乱人也者，又乱人也。”

君曰：“然则若何？”

曰：“君求其道而已矣！”

惠子闻之而见戴晋人。戴晋人曰：“有所谓蜗者，君知之乎？”

曰：“然。”

“有国于蜗之左角者曰触氏，有国于蜗之右角者曰蛮氏，时相与争地而战，伏尸万数，逐北旬有五日而后反。”

君曰：“噫！其虚言与？”

曰：“臣请为君实之。君以意在四方上下有穷乎？”

君曰：“无穷。”

曰：“知游心于无穷，而反在通达之国，若存若亡乎？”

君曰：“然。”

曰：“通达之中有魏，于魏中有梁，于梁中有王。王与蛮氏，有辩乎？”

君曰：“无辩。”

客出而君惝然若有亡也。

客出，惠子见。君曰：“客，大人也，圣人不足以当之。”

惠子曰：“夫吹筦也，犹有嗃也；吹剑首者，吷而已矣。尧舜，人之所誉也；道尧舜于戴晋人之前，譬犹一吷也。”

## 外物第二十六

庄周家贫，故往贷粟于监河侯。监河侯曰：“诺。我将得邑金，将贷予三百金，可乎？”

庄周忿然作色曰：“周昨来，有中道而呼者。周顾视车辙中，有鲋鱼焉。周问之曰：‘鲋鱼来！子何为者邪？’对曰：‘我，东海之波臣也。君岂有斗升之水而活我哉？’周曰：‘诺。我且南游吴越之王，激西江之水而迎子，可乎？’鲋鱼忿然作色曰：‘吾失我常与，我无所处。吾得斗升之水然活耳，君乃言此，曾不如早索我于枯鱼之肆！’”

儒以诗礼发冢。大儒胪传曰：“东方作矣，事之何若？”

小儒曰：“未解裙儒，口中有珠。诗固有之曰：‘青青之麦，生于陵陂。生不布施，死何含珠为！’接其鬓，压其顪，儒以金椎控其颐，徐别其颊，无伤口中珠！”

# 盗跖第二十九

孔子与柳下季为友，柳下季之弟，名曰盗跖。盗跖从卒九千人，横行天下，侵暴诸侯，穴室枢户，驱人牛马，取人妇女，贪得忘亲，不顾父母兄弟，不祭先祖。所过之邑，大国守城，小国入保，万民苦之。

孔子谓柳下季曰："夫为人父者，必能诏其子；为人兄者，必能教其弟。若父不能诏其子，兄不能教其弟，则无贵父子兄弟之亲矣。今先生，世之才士也，弟为盗跖，为天下害，而弗能教也，丘窃为先生羞之。丘请为先生往说之。"

柳下季曰："先生言为人父者必能诏其子，为人兄者必能教其弟，若子不听父之诏，弟不受兄之教，虽今先生之辩，将奈之何哉！且跖之为人也，心如涌泉，意如飘风，强足以距敌，辩足以饰非，顺其心则喜，逆其心则怒，易辱人以言。先生必无往。"

孔子不听，颜回为驭，子贡为右，往见盗跖。盗跖乃方休卒徒大山之阳，脍人肝而餔之。孔子下车而前，见谒者曰："鲁人孔丘，闻将军高义，敬再拜谒者。"

谒者入通，盗跖闻之大怒，目如明星，发上指冠，曰："此夫鲁国之巧伪人孔丘非邪？为我告之：'尔作言造语，妄称文武，冠枝木之冠，带死牛之胁，多辞缪说，不耕而食，不织而衣，摇唇鼓舌，擅生是非，以迷天下之主，使天下学士不反其本，妄作孝弟而侥幸于封侯富贵者也。子之罪大极重，疾走归！不然，我将以子肝益昼餔之膳！’”

孔子复通曰：“丘得幸于季，愿望履幕下。”

谒者复通，盗跖曰：“使来前！”

孔子趋而进，避席反走，再拜盗跖。盗跖大怒，两展其足，案剑瞋目，声如乳虎，曰：“丘来前！若所言，顺吾意则生，逆吾心则死。”

孔子曰：“丘闻之，凡天下有三德：生而长大，美好无双，少长贵贱见而皆说之，此上德也；知维天地，能辩诸物，此中德也；勇悍果敢，聚众率兵，此下德也。凡人有此一德者，足以南面称孤矣。今将军兼此三者，身长八尺二寸，面目有光，唇如激丹，齿如齐贝，音中黄钟，而名曰盗跖，丘窃为将军耻不取焉。将军有意听臣，臣请南使吴越，北使齐鲁，东使宋卫，西使晋楚，使为将军造大城数百里，立数十万户之邑，尊将军为诸侯，与天下更始，罢兵休卒，收养昆弟，共祭先祖。此圣人才士之行，而天下之愿也。”

盗跖大怒曰：“丘来前！夫可规以利而可谏以言者，皆愚陋恒民之谓耳。今长大美好，人见而悦之者，此吾父母之遗德也，丘虽不吾誉，吾独不自知邪？且吾闻之，好面誉人者，亦好背而毁之。今丘告我以大城众民，是欲规我以利而恒民畜我也，安可久长也！城之大者，莫大乎天下矣。尧舜有天下，子孙无置锥之地；汤武立为天子，而后世绝灭；非以其利大故邪？且吾闻之，古者禽兽多而人少，于是民皆巢居以避之，昼拾橡栗，暮栖木上，故命之曰有巢氏之民。古者民不知衣服，夏多积薪，冬则炀之，故命之曰知生之民。神农之世，卧则居居，起则于于，民知其母，不知其父，与麋鹿共处，耕而食，织而衣，无有相害之心，此至德之隆也。然而黄帝不能致德，与蚩尤战于涿鹿之野，流血百里。尧舜作，立群臣，汤放其主，武王杀纣。自是之后，以强陵弱，以众暴寡，汤武以来，皆乱人之徒也。今子修文武之道，掌天下之辩，以教后世，缝衣浅带，矫言伪行，以迷惑天下之主，而欲求富贵焉，盗莫大于子。天下何故不谓子为盗丘，而乃谓我为盗跖？子以甘辞说子路而使从之，使子路去其危冠，解其长剑，而受教于子，天下皆曰孔丘能止暴禁非。其卒之也，子路欲杀卫君而事不成，身菹于卫东门之上，是子教之不至也。子自谓才士圣人邪？则再逐于鲁，削迹于卫，穷于齐，围于陈蔡，不容身于天下。子教子路菹此患，上无以为身，下无以为人，子之道岂足贵邪？世之所高，莫若黄帝，黄帝尚不能全德，而战涿鹿之野，流血百里。尧不慈，舜不孝，禹偏枯，汤放其主，武王伐纣，文王拘羑里。此六子者，世之所高也，孰论之，皆以利惑其真而强反其情性，其行乃甚可羞也。世之所谓贤士，伯夷叔齐。伯夷叔齐辞孤竹之君而饿死于首阳之山，骨肉不葬。鲍焦饰行非世，抱木而死。申徒狄谏而不听，负石自投于河，为鱼鳖所食。介子推至忠也，自割其股以食文公，文公后背之，子推怒而去，抱木而燔死。尾生与女子期于梁下，女子不来，水至不去，抱梁柱而死。此六子者，无异于磔犬流豕操瓢而乞者，皆离名轻死，不念本养寿命者也。世之所谓忠臣者，莫若王子比干伍子胥。子胥沉江，比干剖心，此二子者，世谓忠臣也，然卒为天下笑。自上观之，至于子胥比干，皆不足贵也。丘之所以说我者，若告我以鬼事，则我不能知也；若告我以人事者，不过此矣，皆吾所闻知也。今吾告子以人之情，目欲视色，耳欲听声，口欲察味，志气欲盈。人上寿百岁，中寿八十，下寿六十，除病瘦死丧忧恶，其中开口而笑者，一月之中不过四五日而已矣。天与地无穷，人死者有时，操有时之具而托于无穷之间，忽然无异骐骥之驰过隙也。不能说其志意，养其寿命者，皆非通道者也。丘之所言，皆吾之所弃也，亟去走归，无复言之！子之道，狂狂汲汲，诈巧虚伪事也，非可以全真也，奚足论哉！”

孔子再拜趋走，出门上车，执辔三失，目芒然无见，色若死灰，据轼低头，不能出气。归到鲁东门外，适遇柳下季。柳下季曰："今者阙然数日不见，车马有行色，得微往见跖邪？"

孔子仰天而叹曰："然。"

柳下季曰："跖得无逆汝意若前乎？"

孔子曰："然。丘所谓无病而自灸也，疾走料虎头，编虎须，几不免虎口哉！"

## 列御寇第三十二

朱泙漫学屠龙于支离益，单千金之家，三年技成而无所用其巧。

## 天下第三十三

惠施多方，其书五车，其道舛驳，其言也不中。麻物之意，曰："至大无外，谓之大一；至小无内，谓之小一。无厚，不可积也，其大千里。天与地卑，山与泽平。日方中方睨，物方生方死。大同而与小同异，此之谓小同异；万物毕同毕异，此之谓大同异。南方无穷而有穷，今日适越而昔来。连环可解也。我知天下之中央，燕之北越之南是也。泛爱万物，天地一体也。"

惠施以此为大，观于天下而晓辩者，天下之辩者相与乐之。卵有毛，鸡三足，郢有天下，犬可以为羊，马有卵，丁子有尾，火不热，山出口，轮不蹍地，目不见，指不至，至不绝，龟长于蛇，矩不方，规不可以为圆，凿不围枘，飞鸟之景未尝动也，镞矢之疾而有不行不止之时，狗非犬，黄马骊牛三，白狗黑，孤驹未尝有母，一尺之捶，日取其半，万世不竭。辩者以此与惠施相应，终身无穷。

桓团公孙龙辩者之徒，饰人之心，易人之意，能胜人之口，不能服人之心，辩者之囿也。惠施日以其知与人之辩，特与天下之辩者为怪，此其柢也。

然惠施之口谈，自以为最贤，曰天地其壮乎！施存雄而无术。南方有倚人焉曰黄缭，问天地所以不坠不陷，风雨雷霆之故。惠施不辞而应，不虑而对，遍为万物说，说而不休，多而无已，犹以为寡，益之以怪。以反人为实而欲以胜人为名，是以与众不适也。弱于德，强于物，其涂隩矣。由天地之道观惠施之能，其犹一蚊一虻之劳者也。其于物也何庸！夫充一尚可，曰愈贵道，几矣！惠施不能以此自宁，散于万物而不厌，卒以善辩为名。惜乎！惠施之才，骀荡而不得，逐万物而不反，是穷响以声，形与影竞走也。悲夫！

——选自郭庆藩《庄子集释》